山西青少年旅游丛书

从"神话源头"到"红色圣地"

晋东南篇

李永明 / 主编

斛建军 / 编著

山西出版传媒集团

山西人民出版社

图书在版编目（CIP）数据

从"神话源头"到"红色圣地" / 斛建军编著. —
太原：山西人民出版社，2024.6
（山西青少年旅游丛书 / 李永明主编）
ISBN 978-7-203-12630-0

Ⅰ. ①从… Ⅱ. ①斛… Ⅲ. ①革命纪念地—介绍—山
西—青少年读物 Ⅳ. ①K878.2-49

中国国家版本馆CIP数据核字（2024）第025024号

从"神话源头"到"红色圣地"

编　　著：斛建军
责任编辑：陈俞江
复　　审：傅晓红
终　　审：梁晋华
装帧设计：张子亮

出 版 者：山西出版传媒集团·山西人民出版社
地　　址：太原市建设南路 21 号
邮　　编：030012
发行营销：0351－4922220　4955996　4956039　4922127（传真）
天猫官网：https://sxrmcbs.tmall.com　电话：0351－4922159
E－mail：sxskcb@163.com　发行部
　　　　　sxskcb@126.com　总编室
网　　址：www.sxskcb.com

经 销 者：山西出版传媒集团·山西人民出版社
承 印 厂：山西出版传媒集团·山西人民印刷有限责任公司

开　　本：787mm×1092mm　　　1/16
印　　张：7.5
字　　数：155 千字
版　　次：2024 年 6 月　第 1 版
印　　次：2024 年 6 月　第 1 次印刷
书　　号：ISBN 978-7-203-12630-0
定　　价：78.00 元

如有印装质量问题请与本社联系调换

01

02

03

01 概述

长治和晋城地处山西东南部，一般被笼统地称为晋东南。晋东南在历史上又被称为上党，上党作为一个历史文化概念已成为历史，不再被正式使用，取而代之的是"晋东南"这一称谓。

从地理地形看，长治和晋城位于山西省东南部。东倚太行山，与河北、河南为邻，西屏太岳山，与临汾市、运城市接壤，北部与晋中市交界。其中，长治地处黄土高原东南缘，为太行山、太岳山所环绕，构成高原地形，一般称为"沁潞高原"或"上党盆地"。而晋城全境位于晋城盆地之中，也就是丹河、沁河中下游流域的盆地。整个晋城地势呈北高，中、南低的形状。

从水域分布看，晋东南主要属于海河和黄河流域。其中，长治境内的河流分属海河与黄河两大流域，主要有海河流域的浊漳河、清漳河、卫河以及黄河流域的沁河、丹河、入汾小河等。而晋城市境内河流纵横，主要为黄河流域的沁河，以及沁河的主要支流丹河和卫河。

从气候看，长治和晋城均属于典型的暖温带半湿润大陆性季风气候，其中，长治地处山西黄土高原东南部，群山环绕，大陆性季风强烈持久，气候温和、干燥，四季分明。而晋城比长治更偏南，降雨量更多，平均气温也较长治高。

从历史沿革看，长治和晋城因为地理距离较近，从春秋起就属于晋国，因此在行政规划上长期处于分分合合的状态，直到新中国成立后还经历过同属晋东南地区的历史阶段，1985年长治和晋城才单独成为地级市。

从远古时代到近现代，晋东南地区的历史发展既与中华历史和三晋历史相近，又有其独特的地方，比如在远古时代，发生在晋东南地区的各类神话，成为晋东南文明史的一个重要佐证，比如女娲补天神话，就在晋东南地区有多处"发生地"。其他在中华神话谱系中占有重要地位的神话传说，比如精卫填海、后羿射日、神农尝百草、愚公移山、大禹治水等，也一直在晋东南地区流传，并与相应的故事发生地形成对应。进入春秋时代，晋东南地区就被纳入我国封建制度的统治范围。战国时期，韩赵魏三家分晋，晋东南基本处于韩赵魏三国的交叉地区，因此这一地区也成为当时政治军事交锋的关键位置。正是在这一争霸时期，晋东南地区发生了在中国历史上有巨大影响的军事与政治事件，其中最有名的就是发生在今天高平市西北的长平之战。进入秦朝大一统直到清末，晋东南地区作为中央政府直接管辖的地区，其历史进程基本与全晋乃至中原地区同频，政治军事安危与中央政权的稳定与否息息相关，文化发展已纳入儒家文明范围，成为中原文明的重要组成部分。

鸦片战争以来，晋东南地区逐步卷入中国反帝反封建的革命中，尤其是进入20世纪以来，晋东南地区经多了历次革命和运动。20世纪20年代以后，晋东南地区深度卷入中

长子县三圣公主庙

国现代革命，成为中国红色革命的重要根据地，在晋东南地区发生了多场在中国抗日战争史上和解放战争史上具有全局性意义的战争。

总之，晋东南地区特殊的自然地理和区域位置、具有地域特色的历史文化和近代以来的革命本色，使这片土地上的自然风光、历史建筑和人文遗迹都充满魅力，这些资源已经成为当地旅游开发的重点，成为外地人认识晋东南、认识山西、认识中华文明和中国历史的重要依据。

壮美山河，红色圣地——长治市

长治位于山西东南，地处太行山之巅，平均海拔1000米，历史上有"与天为党"的说法，并被称为"上党"，苏东坡曾留下"上党从来天下脊"的千古诗句。长治市东倚太行山，与河北、河南两省为邻，西屏太岳山，与临汾市接壤，南部与晋城市相邻，北部与晋中市交界。长治市域主要由长治盆地及其周边的山区组成。长治市地处黄土高原东南边缘，从整体地貌看，山峦起伏、地形复杂，总体呈盆地状。最高点为沁源县太岳山主峰之一，最低点为平顺县浊漳河出境处。

长治主要河流有海河流域的浊漳河、清漳河、卫河和黄河流域的沁河等。浊漳河是上党人民的母亲河，其三大支流及干流流经除沁源县以外的长治11个县市区。沁河在长治市境内长98千米，流域面积占全市总面积的16.4%。长治市植物资源以针阔混交林为主，夹杂有灌木和草本植物。沁源灵空山保存有两三百年的天然林群落。经济林木主要是木本粮油和水果林。国家和省重点保护野生植物有南方红豆杉、核桃楸、紫椴等。在如此丰富的水资源和植物资源的天然保障下，长治境内的动物资源也较丰富。据统计，长治市所辖范围目前有野生动物243种，其中，国家一级保护动物2种（金钱豹、原麝）、国家二级保护动物4种（石貂、青鼬、水獭、猕猴）；国家一级保护鸟类4种（黑鹳、金雕、大鸨、褐马鸡）、国家二级保护鸟类22种（黄嘴白鹭、白琵鹭、大天鹅等）。长治市矿产资源较为丰富，主要有煤、铁、石灰岩、矿泉水等矿产资源，最具优势的矿产是煤炭、铁和石灰石。长治市是国家重点产煤市之一。

长治是中华民族的发祥地之一。始祖炎帝神农氏曾在这里"尝百草、得五谷、教民耕种"，开创农耕文明之先河。据沁源县花坡遗址考古证明，旧石器时代长治地区已经有人类活动。禹分天下为九州，长治属冀州。殷商时为黎国，属冀州。春秋时并于晋国，战国时，韩首置上党郡，后归赵国，治所在长子。秦实行郡县制，分天下为36郡，上党郡在内，辖区涵盖晋东南全部及晋中一部分。因此，早在先秦时期，长治地区就被纳入中央政府的管辖范围，其文化属于儒家文化，文明属于中原文明的组成部分。进入近代以来，长治地区和全国其他地区一样，成为中国革命和现代化的重要基地，见证和参与了中国的现代化历程，抗日战争时期八路军总部和中共中央北方局在长治长期驻扎，解放战争的第一仗、闻名中外的"上党战役"在此打响，朱德、彭德怀、刘伯承、邓小平等都曾在这里长期战斗和生活过。抗战期间，有12万人参加八路军，46万人随军参战，17万人为国捐躯，被誉为"八路军的故乡、子弟兵的摇篮"。抗战胜利后在长治打响的"上党战役"，揭开了解放战争的序幕。新中国成立后，涌现出李顺达、申纪兰等模范人物，长治因此成为"太行精神"的孕育之地，目前全市共有革命遗址779处。截至2019年，长治市在册的不可移动文物6833处，数量居全省第二，各级文物保护单位1330处。

新时期以来，长治发展成为全国文明城市、国家卫生城市、国家园林城市、国家森林城市，长治正以新的面貌迎接来自世界各地的游客。

一、红色景点

1.屯留区抗大一分校旧址

抗大一分校旧址目前已修缮保护的面积有10000余平方米，现存特科营营部、校直属队队部、女生队队部、女学员住室、露天课堂5处旧址以及抗大一分校展览馆。

抗日战争进入战略相持阶段后，为适应抗战的新形势与新任务，1938年12月中共中央、中央军委决定成立抗大一分校，任命何长工为校长，周纯全为副校长。

1939年1月3日，抗大一分校3000余人从陕西省延长县出发，冲破敌人封锁线，挺进晋东南抗日根据地，于1月21日抵达山西省屯留县并开始办学。1939年7月6日，抗大一分校转移至壶关县神郊一带继续办学。

抗大一分校在屯留办学期间，朱德、左权等将领多次为学员授课。抗大一分校在抗日烽火中诞生，在敌后艰苦环境中办学，是抗大12所分校中创办最早、历时最长、培养干部最多、成绩最显著的一所分校，被誉为"敌后办学的先锋"。

2.北方局黎城会议纪念馆

抗战至1940年，八路军已经创建了晋、冀、豫等多块抗日根据地，各县旧政权基本改造完成，统一抗日根据地的党政军建设提上议程。鉴于此，中共中央北方局于4月11日至26日在黎城县北社村、霞庄村等地召开了太行、太岳、冀南区高级干部会议，史称"黎城会议"。会上提出了"建党、建军、建政"三大方针，制定了巩固与发展华北抗日根据地、争取时局好转的战略方针与政策措施。自此，晋冀豫边区抗战形势越来越好，华北大地抗日烽火愈燃愈烈。

如今，中共中央北方局高干会议原会址建为"中共中央北方局纪念馆"，成为重要的红色教育基地，纪念馆东边的小广场矗立起了纪念碑。在高干会议的另一处会场所在地——停河铺乡霞庄村，为纪念当年这次非同寻常的会议，在被日军损毁的会议遗址附近，也建起了一座气派开阔的中共中央北方局高干会议纪念广场。

中共中央北方局高干会议在黎城的召开，彰显了黎城这块抗日根据地的历史地位、作用与贡献，书写了中华民族抗战史上光辉灿烂的一页！黎城会议是一座永垂千古的历史丰碑，它铭刻着共产党、八路军卓越的抗战功绩，激励着后人继承与发扬老一辈革命家的光荣传统与革命精神。今天，需要继续弘扬传承当年"黎城会议"的精神，用好红色资源，讲好红色故事，奏响传承红色基因的时代强音！

二、热门景点

除了丰富的红色旅游资源，长治还以雄奇险峻、独具特色的太行山水闻名中外。改革开放以来，长治积极开发境内的太行山旅游资源，尤其是近年来，长治为提升旅游发展水平，进一步叫响"山西长治·壮美太行"旅游品牌，把"太行山水"作为长治旅游发展的重中之重，这些景点包括黄崖洞、老顶山、太行山大峡谷、通天峡风景区、太行水乡风景区等。

三、非遗目录

长治历史悠久，文化底蕴深厚，是华夏文明的重要发祥地之一。在几千年的历史发展中，勤劳智慧的上党人民创造了大量既有长治本土特色又有中华文明基因的非物质文化遗产。长治的传统地方戏曲有上党落子、上党梆子，这已入选国家级非物质文化遗产名录。长治地区的民间社火有20多种，龙灯舞、狮子舞、挑高、高跷、旱船、跑驴、竹马、二鬼扳跌、老汉送闺女、驼阁、爬山虎、大桩、晃官、装檐台、车链秋、铁礼花。另外，长治的非遗项目还有秧歌戏襄武秧歌、壶关秧歌、沁源秧歌、西火秧歌等；地方曲艺有潞安大鼓、长子鼓书、襄垣鼓书、武乡琴书、屯留道情、沁州三弦等；民间音乐有上党乐户、上党八音会、壶关迓鼓等；民俗文化有迎神赛社、平顺四景车、九曲黄河阵等；民间传说有精卫填海、后羿射日、崔生遇虎等；传统手工制作技艺有上党堆锦、长子响铜乐器、襄垣手工挂面等；民间艺术有布艺黎侯虎、襄垣炕围画等；民间舞蹈有武乡顶灯、屯留瞪眼家伙等。

四、美食攻略

长治市境内的农作物以小麦、粗粮为主，在几千年的农业社会里，长治各地形成了各自独特的食物种类。这些食物大多以当地的小麦面和粗粮面为主，掺杂以其他当地特色农产品，每种地方小吃的工艺都经过不断改进，由此形成了今天我们吃到的这些不同风味的长治美食。今天，你在长治境内的每个县（市、区），都能遇到当地的特色小吃，有些小吃都走出了长治，走向省城太原甚至外省，比如长子炒饼、三合面、长治馅饼、酥火烧、武乡枣糕、半疙瘩、壶关羊汤、长治黑圪条、潞城甩饼、沁县干馍、上党驴肉、黎城菜饺、武乡擦圪斗、平顺八股油条等。

表里山河，唐风晋韵——晋城市

晋城，古称泽州府，位于山西东南部，地处晋豫两省交界，是1985年实行市管县体制改革的省辖地级市，现辖6县(市、区)。 今天的晋城市，北依丹朱岭、金泉山等山脉与长治接壤，西依中条山与临汾、运城交接，东南依太行、王屋二山与河南新乡、焦作、济源相连，具有独特的区位优势。晋城自古控扼晋豫咽喉，俯视中原，历来是兵家必争之地，发挥着承东启西、沟通南北的重要作用，战国时吴起称晋城为"夏桀之国，左天门之阴，而右天溪之阳，卢、罩在其北，伊、洛出其南，有此险也"，由此可见晋城地理区位的重要性。

晋城全境位于晋城盆地之中，也就是丹河、沁河中下游流域的盆地。全市整个地区在地势上呈北高，中、南低的簸箕状。晋城全境东西长约160千米，南北宽约100千米，总面积9490平方千米，境内平原、丘陵、山地分别占全市总面积的12.9%、28.5%、58.6%。晋城全境平均海拔为600至700米，最高点为中条山舜王坪，最低处是丹河、沁河下游的河谷地。晋城水资源丰富，是华北地区相对的富水区，境内河流纵横，主要水系为黄河流域的沁河、丹河，和海河流域的卫河支流，降水、河川径流和地下水都丰富，水资源总量和人均占有量均高出山西全省和华北各省区平均水平。

晋城古称泽州，历史悠久，是华夏文明的发祥地之一。相传女娲氏、神农氏、九黎部落首领蚩尤及尧、舜、禹等都曾在晋城境内活动过。当地流传的女娲补天、神农播

郭峪古城

种、禹凿石门、愚公移山、精卫填海等传说，都有对应的实地存在。比如愚公移山故事发生在晋东南，则有太行、王屋等地理证据。泽州县的柳树口镇玛琅山、陵川县的王莽岭，传说是愚公移山故事发生地。《墨子》中的 "舜耕于历山""渔于雷泽"也在当地有迹可循。先秦时期著名的"长平之战"就发生在高平。晋城政区的设置，最早可追溯到公元583年，隋开皇初年设置州府，称为"泽州"，以后虽历经变化，但范围大体一致。在秦汉及之后的两千多年历史上，在皇权文化、农耕文明、儒释道文化的熏染下，晋城也形成了具有地域特色的建筑文化，除去闻名世界的陈廷敬故居皇城相府外，还有郭峪古堡、砥泊城、天官王府、湘峪古堡、窦庄古堡、柳氏民居、石淙头村、冶底古寨、武乡砖壁村等，这些传统社会留下来的古民居、古村落，成为晋城在农业文明时代辉煌历史的见证，也是宝贵的历史文化资源，是今天晋城旅游开发的重点和特色。

一、红色景点

1.中国人民抗日军政大学太岳分校旧址

中国人民抗日军政大学太岳分校旧址位于沁水县土沃乡南阳村。1943年春，中国人民抗日军政大学太岳分校奉上级命令，从岳北转移到沁水南部的下川地区。5月，太岳军区粉碎了日军"铁滚扫荡"之后，历山大队从下川地区转移到沁南县政府所在地——南阳张沟，大队部设在南阳村东头的玉皇庙内。太岳抗大分校的校长由八路军386旅旅长陈赓兼任。办学方针是：坚定正确的政治方向，艰苦朴素的工作作风，灵活机动的战略战术。

1945年11月，太岳抗大分校并入晋冀鲁豫军政大学，完成了光荣的历史使命。在两年多的时间里，太岳抗大分校与沁南抗日县政府和群众结下了深厚的友谊，军民团结战斗，粉碎了日军的"扫荡"，度过了灾荒，为抗日战争的胜利作出了重要贡献。太岳抗大分校在南阳办学近3年，先后培养了政治素质高、军事技术硬、工作作风好的共产党军政干部近千人，积累了在艰苦战争岁月一边学习、一边战斗、一边生产的办学经验，形成了"团结、紧张、严肃、活泼"的抗大校风，铸就了抗战史上一座丰碑。

二、热门景点

晋城也"东枕太行"，境内的太行山风光也是晋城重要的旅游资源，但相对于长治，晋城旅游更以其独特的古建筑（群）闻名中外。晋城境内的古建筑区别于山西晋中地区的晋商大院，也区别于河南、河北的古建筑，是晋城特殊的历史文化、自然地理等因素作用的结果，是了解晋城区域文化的重要标本。这些古建筑（群）成为晋城旅游开发的重点，已成为晋城的文化名片，闻名于世界，今天，来自世界各地的游客来到晋城，都会去参观皇城相府、郭峪古城、海会书院、青莲寺、中庄布政李府、砥洎城等晋城古建筑和古民居。

三、非遗目录

晋城是中华文明的发祥地之一。历经千百年的发展演进，凝聚了当地人民智慧，带有地域文化特色的众多非物质文化遗产，生生不息地传承下来，如颗颗珍珠散落在晋城这片土地上，历久不衰，熠熠生辉。据统计，目前晋城市共有200多个非物质文化遗产项目，其中，国家级项目19个、省级53个、市级50个，其中的白马拖缰传说、烂柯山的传说、舜的传说、广禅侯故事、阳城生铁冶铸技艺、潞绸织造技艺、琉璃烧制技艺、武氏正骨疗法、高平绣活、阳城焙面面塑、泽州秧歌、上党二簧、上党梆子、泽州四弦书、土沃老花鼓、上党八音会、柳氏清明祭祖、泽州中秋习俗、皇城村重阳习俗、陵川钢板书等已成为当地重点保护和开发的非遗文化。

四、美食攻略

相对于山西中南部其他地区以面食（小麦、粗粮）为主的饮食文化，地处晋东南一角的晋城，其饮食就不止在面食的工艺上下功夫，而是把面食融入其他地方特色产品中，让你吃出不一样的晋城味，这种味道只有晋城有，山西其他地方不可复制，这些地方美食包括晋城烧大葱、阳城烧肝、阳城肉罐肉、晋城炒凉粉、高平烧豆腐、木耳圪贝、高平十大碗、石头炒鸡蛋、烧三鲜、酸菜黑圪条、里圪抓、阳城小米煎饼、陵川羊肉火烧、卷白馍、润城枣糕等。

02 长治

八路军太行纪念馆　八路军总部王家峪旧址纪念馆

八路军总部砖壁旧址　离相寺

太岳军区司令部旧址　灵空山风景区

仙堂山风景区　上党门

老爷山景区　太行山大峡谷八泉峡景区

黄崖洞景区　神龙湾景区

八路军太行纪念馆

简介 | JIANJIE

　　到山西参观红色旅游景点，第一站肯定会选位于武乡县的八路军太行纪念馆，因为这是一座全面反映八路军抗战历史的大型革命纪念馆，同时也是一家集旅游观光、博物馆于一体的国家一级博物馆和国家4A级旅游景区。这样一座革命纪念馆，在山西是唯一的，在全国也为数不多。可以说，参观了八路军太行纪念馆，就相当于回顾了八路军的十四年抗日史，同时也对山西在全国抗战史上的重要性有了认识。

　　八路军太行纪念馆的展厅陈列有珍贵的历史资料和革命历史文物，馆区分为主展区和游览区，其中主展区有八路军简史陈列厅、八路军将帅厅和日军侵华暴行厅；游览区有八路军游击战术演示厅、八路军抗战纪念碑、八路雄风碑林、徐向前元帅纪念亭等。不同于其他红色景点的静态展览，八路军太行纪念馆的游击战演示厅可以让游客亲自体验抗战其境，亲身体验八路军当年的战斗、生产、工作、学习、生活、娱乐以及与当地民众的鱼水情深等。而最能给游客留下深刻印象的，非大型实景剧《太行山》莫属。

大型实景剧《太行山》分为"序""太行血""太行魂""太行情""太行泪""太行剑"六个部分。以抗日战争为背景，通过迎亲、日军轰炸、血染山河等生动场景，运用声、光、电等先进技术手段，再现当年八路军将士与太行山人民浴血奋战的情景，多角度让游客重温战争岁月，感受太行精神。

红色旅游，到山西必到武乡县八路军太行纪念馆；到武乡，必看《太行山》实景剧，这已经成为山西红色旅游的一个共识。

引文 | YINWEN

在太行山上
冼星海作曲

红日照遍了东方（照遍了东方），
自由之神在纵情歌唱（纵情歌唱）！
看吧！千山万壑，铜壁铁墙，
抗日的烽火燃烧在太行山上（太行山上）。
气焰千万丈（千万丈），
听吧！母亲叫儿打东洋，
妻子送郎上战场（上战场）。
我们在太行山上，
我们在太行山上，
山高林又密，
兵强马又壮，

敌人从哪里进攻，
我们就要他在哪里灭亡，
敌人从哪里进攻，
我们就要他在哪里灭亡。

■■解读■■

冼星海，中国现代音乐史上杰出的作曲家。他短暂的一生创作了包括《黄河大合唱》《在太行山上》《二月里来》等500多首脍炙人口的革命歌曲，为中国的新音乐运动做出了突出的贡献，毛泽东赞誉他为"人民的音乐家"。

作于1938年7月的经典红歌《在太行山上》，就是为在山西境内浴血奋战、抗击日本侵略者的抗日军民而创作的一首合唱曲，该曲由桂涛声作词、冼星海作曲。在这首歌

曲中，冼星海将充满朝气的抒情性旋律同坚定有力的进行曲旋律有机地结合在一起，使歌曲既充满战斗性、现实性，又具有革命浪漫主义的瑰丽色彩。描绘了太行山里的游击健儿的战斗生活和勇敢顽强、乐观开朗的性格。该曲写成后，在汉口进行首演时，观众大声喝彩，掌声不断，随即传遍了全中国。太行山的游击队都以它为队歌。几十年来，这首合唱曲传遍全中国，流传至今。

今天，当游客步入纪念馆，耳畔就会传来这首脍炙人口的《在太行山上》，激昂的旋律瞬间将你带回那个烽火连天的年代。

太行奶娘

武素萍

在战火纷飞的日子里
我有一个名字叫太行
一把苦苦菜
一把黄谷糠

是奶娘你哺育我成长
你守护着我生命
眼看着奶哥哥倒在面前
你含着悲痛目睹了奶爹爹送军粮牺牲在战场
啊！太行山
我那慈祥的奶娘
你用心血和汗水教会我坚强
啊！太行山
我那永远的亲娘
你的养育之恩比山高比水长，儿没齿难忘
在和平胜利的岁月里
你可安享天伦和小康
暖暖的窑洞
甜甜的南瓜汤
儿在梦中把你盼望
你勤劳和勇敢
激励我前进路上充满力量
你英雄的故事铸就了中华民族抗战事业辉煌

啊! 太行山

我那亲亲的奶娘

你用光荣和奉献点亮和平曙光

啊! 太行山

我那永远的亲娘

你无私的情怀感动了天地

世代万古扬

■■解读■■

现代诗《太行奶娘》是长治市新闻中心副主任武素萍所作,2015年创作成歌曲,由著名歌唱家阎维文演唱。在抗战时期,"太行奶娘"这一真实的、英雄的妇女群体不顾生死、不畏艰辛,义无反顾地承担起了养育红色后代的重任,用自己的乳汁哺育了八路军将士的后代,留下了一段段可歌可泣的动人故事。今天,现代诗《太行奶娘》通过著名歌唱家的演唱,把太行军民艰苦抗战、团结一致的伟大革命精神再一次演绎出来,让这种精神融入现代国人的灵魂深处,代代相传。

扩展 | KUOZHAN

◆大型实景演艺《太行山上》

大型实景演艺项目《太行山上》是山西文旅红星杨公司对原有《太行山》实景剧进行升级改版的重点项目。国内知名实景演艺导演丛明玲、张冬团队执导,力争打造"唱得响、演得精、传得开"的国内首部红色行浸式实景演艺。《太行山上》剧场位于武乡县城东太行龙湖畔,距太长高速武乡出口1.8千米,面向八角山,紧邻桃花岛,依山傍水,地形独特,交通便利。剧场内建设有目前国内最大的金属高清投影幕、最大的室外升降观众席,特制钻孔钢板铸造的超视觉起伏舞台,以巍巍太行山脉为设计蓝本,配合领先光影技术实现顶级舞美创意。《太行山上》以饱满的剧情为主线,以极富感染的创意为核心,把武乡从"过去"带回到"今天",延续到"未来",再现太行军民浴血奋战、共同抗日的感人史实,通过浸入式参与体验武乡厚重的红色文化,缅怀英雄、传承基因。爱国、爱党、爱民的坚定信念,将在这里再次传播。

八路军总部王家峪旧址纪念馆

简介 | JIANJIE

　　在武乡县城参观完八路军太行纪念馆, 武乡红色之旅第二站就应该是八路军总部王家峪旧址纪念馆。

　　王家峪, 一个太行山村, 在中共党史上却是一个非常重要的地方, 因为它在抗日战争时期曾是八路军总司令部所在地。八路军总部在此驻扎期间, 朱德、彭德怀、左权、邓小平、刘伯承、杨尚昆、陆定一、杨立三等老一辈革命家曾在这里长期生活和战斗, 指挥华北各抗日根据地的游击战争。他们先后指挥创建了晋冀鲁豫、晋察冀、晋绥等敌后抗日根据地, 培育和造就了伟大的太行精神, 为世界反法西斯战争和中国抗日战争的最后胜利作出了卓越的贡献。

　　今天的王家峪纪念馆, 由连通的五所农家院落、一排窑楼和"红星杨"公园组成, 计有窑洞36孔、房51间、碑亭2个, 建筑面积3960㎡, 占地面积3.7万㎡。1961年就被国务院公布为首批全国重点文物保护单位。1964年正式对外开放, 曾先后接待了江泽民、胡锦涛等党和国家领导人与杨尚昆、刘华清等老一辈无产阶级革命家及大批中外游客。

《回忆我在王家峪八路军总部旧址》节选
姜华

每一个到王家峪八路军总部旧址参观的人无不要到村前朱总手植白杨处参观，并将白杨落在地下的树枝拾起来，称它为红星杨，然后珍贵地保存起来。

这是怎么回事呢？从科学的角度看问题，这种白杨到一定的树龄，它的老树枝上的骨节瓣开就要有五角星状的图案，但是正因为是朱总手植白杨，大家出于对总司令的爱戴，就认为是朱总栽下的白杨才有五角星图案。这件事一开始是一个参观者无意中发现的，出于对总司令的爱戴，他将这带有五角星图案的树枝珍贵地保存起来，带回去给别人看，并把总

司令亲手栽下白杨的故事讲给周围的人听，于是红星杨的故事就广泛流传开来，越传越神，以至于好多慕名而来的参观者就是为了一睹红星杨的风采。一些文人也把红星杨的故事描绘得有声有色，以至于在民间被神话般地传颂。由此也可以看出革命老根据地的广大民众对我们的总司令是多么地爱戴、敬仰。

刚维修完王家峪总部旧址，就接到上级通知，准备增加砖壁八路军旧址开放点，于是我就只好王家峪砖壁两头跑。既要两头跑就不能经常住在王家峪，为了解决王家峪旧址来人参观没人接待的困难，上级又派来了退休老教师王选能老前辈协助我的工作。有人驻守，我就能专心搞砖壁八路军总部旧址的工作，逐渐地在王家峪的时间就减

少了，工作重心由王家峪八路军总部旧址转到砖壁八路军总部旧址，直到砖壁八路军总部旧址维修工作进入紧张阶段，基本上就顾不上去王家峪了。

时间如流水，一转眼多少年过去了，但王家峪始终留在我心里。王家峪八路军总部旧址的一草一木，总部旧址里我亲手维修过的朱总旧居、左权将军旧居、彭总旧居，我在那里生活过的日日夜夜，王家峪村里那些纯朴无私的干部群众，他们为保护八路军总部旧址的无私付出，以及王家峪村前河边枝繁叶茂的朱总手植白杨，不时在我眼前浮现。王家峪八路军总部旧址啊，我永远怀念你。

■■解读■■

姜华老先生1976年春，因工作需要，从武乡剧团调入武乡县文化馆，长住王家峪，专门从事八路军总部王家峪旧址的管理、接待、维修工作。他近年来撰写了回忆文章《回忆我在王家峪八路军总部旧址》，在文中，他回忆了广为传颂的王家峪总部朱德红星杨的故事。姜华先生尽管没有亲眼看到朱德同志亲植红星杨，但他作为八路军总部王家峪旧址的工作人员，在前后几年的工作中，通过老乡们的口口相传，通过每天与红星杨的"见面"，间接见证了王家峪的革命历史。我们借着他的回忆，可以回味那个时代的人和事，伟大和平凡。

扩展 | KUOZHAN

◆ 养育八路军的武乡小米

在武乡人手里，小米食品花样百出。餐桌上，武乡人会为南方来的朋友说上一大堆吃小米的好处——滋阴、养血、补虚、健脾、益肠、治痢、安神、下奶……而最让武乡人骄傲的，是他们用这色泽金黄、口感醇厚的小米，养育了抗日战争时期的八路军将士，让驻扎在武乡的朱德、彭德怀、刘伯承、邓小平、杨尚昆等老一辈革命家，率领子弟兵用"小米加步枪"打败了日本侵略者，上演了一幕幕威武雄壮的人民战争剧。从此，小米，承载着"艰苦奋斗、求真务实、爱国为民"的太行山精神，成为中华民族精神的象征。

八路军总部砖壁旧址

　　1961年3月4日，国务院公布八路军总司令部砖壁旧址为第一批全国重点文物保护单位。1979年，由国家文物局拨款，组织了省、地、县有关部门，对总部旧址新窑院和李家祠堂、佛爷庙、奶奶庙、玉皇庙建筑先后进行了揭顶翻修、拆除重建和复原新建，并进行室内原状陈列。1980年10月1日正式开放，接待参观。从此，砖壁这个山区小村因之成为革命圣地而闻名遐迩，每年游人络绎不绝。

砖壁村，我心中的骄傲
——《为〈砖壁村志〉出版而作》（节选）
李锐锋

　　山西省武乡县砖壁村，是太行山深处的一个小村庄。它普通得不能再普通。但是，抗日战争使它成为国内外闻名，人民景仰，敌人闻之胆寒的革命圣地。八路军总部进驻砖壁村后，朱德、彭德怀、左权、刘伯承、邓小平、陆定一、罗瑞卿、杨尚昆都曾先后在村里居住。一时间，巨星云集，光芒四射，砖壁村爆发出巨大的能量。由这里发出的命令，传达到前线，指挥着华北抗战，狠狠打击了日本侵略者，鼓舞了抗日军民的志气，取得了抗日战争一个又一个伟大胜利。

　　我的父亲李纪明，1925年1月15日出生在砖壁村。我的祖父李纯绸，是个抗战前在太原读过师范的教书先生，饱读诗书，又对现代文明略知一二。记得1964年我读初中时刚开英语课，爷爷居然能辅导我。一个穷乡僻壤的乡村教书先生竟然会英语，令我惊诧不已。父亲天资聪颖，读书过目不忘，本是个天生的好教书匠材料，因读书时较早接触革命真理，受教师、同学中抗日思想的影响，于1937年夏天毅然投笔从戎，以12岁的小小年纪参加了共产党领导的牺牲救国同盟会，投身于伟大的抗日战争，从此走上革命的道路。

　　从参加革命开始，父亲基本上离开了砖壁村。现在真不可想象，一个12岁的孩子，怎么在队伍里坚持下来?武乡革命老前辈魏名扬对我多次说过：你爹那时又瘦又小，脚又不好，身体又弱，敌人"扫荡"时他跑不动，年纪大些的就连拉带拖，有时还让他拽着马尾巴跑。抗日战争最困难的时期，根据地几次精兵简政，领导多次动员他回家，在家乡参加些力所能及的革命活动，待年纪大些再出来参加咱的队伍，但父亲坚决不回家。由于他会写文章，写得一笔好字，就在武乡县委机关报《大众导报》当编辑、刻蜡版，这正发挥了他的特长。那时斗争环境非常险恶，县委机关是敌人的重要打击目标，经常得转移，能跑会跑是每个人必须具备的本事。父亲写文章刻蜡版是好把式，但反"扫荡"就很麻烦，他跑不快。郭忠(山西省原农业厅副厅长、省地方志办公室主任)对我说："有一次敌人追得很紧，情况万分危急，我让他扔了蜡版、油印机，轻装跑快些。但他就是不听，舍不得扔。眼看不行了，我就甩了他一耳光，他还不扔，几个大人

强行夺下扔掉，又让杨尚枫(《山西日报》原副总编缉)连背带拖跑了一段，才逃脱险境。"这确实很像我的父亲，他貌似文弱书生，内心却很坚强，默默承受着难以承受的困难。"文革"中，他面对残酷的折磨和苦难，绝不动摇共产主义的理想信念，绝不揭发省委和老领导，也绝不承认造反派强加给自己的罪名。我想，这正是家乡——砖壁村的水土赋予他的秉性。

老实、本分、正直、深明大义，正是我们全家的基本特征和传统。奶奶跳悬崖的事从小就听说过，但过去没有在我心中引起过大的震动。2005年，在纪念抗日战争胜利60周年之际，我有机会回到了老家砖壁村。乡亲们把我领到了奶奶跳悬崖的地方。站在悬崖边上，我的心灵被震撼了。崖底是百丈深渊，跳下去粉身碎骨，必死无疑，站在边上也是心惊胆战。面对日寇的追杀，已无生路，奶奶领着姑姑李华芳、父亲的前妻三人纵身跳下悬崖。奶奶及父亲前妻当即殉难。姑姑李华芳被山中

大树挂住，后来被乡亲们救下，以后也参加了八路军。站在悬崖边才能感受到奶奶三人纵身跳悬崖是何等的壮烈！这壮举表现了我们中国人、我们武乡人、我们砖壁人宁死不屈的伟大情怀。

▉▉解读▉▉

李锐锋先生的老家是砖壁村，他的父亲出生和成长在村里，而他的奶奶为逃避日本人的追杀，跳崖遇难。这样的家族史，与砖壁村在抗日战争时期的特殊地位紧紧关联在一起。

在《砖壁村志》编撰与出版之际，李先生以一个砖壁人的身份拿起笔，把他这几十年了解到的砖壁"村史"与家族史梳理一番，而我们通过李先生这样的"当地人"的叙述，更能了解和理解砖壁在中国抗战史上的重要地位，理解砖壁村人为抗战做出的伟大牺牲，理解抗战精神在砖壁村人成长和成才过程中的激励作用。

◆武乡民歌"开花调"

　　武乡"开花调"是小调中的一种独特形式，多以单人、两人对唱的形式展现。原始的"开花调"不用舞蹈、乐器，看到什么就唱什么。武乡"开花调"起源于何时，无文献可考。东晋时期，上党武乡羯族人石勒建立后赵政权，在"五胡内迁"的历史中，北方少数民族高亢激越的唱腔融入当地音乐。后又经明清发展，武乡民歌逐渐由套曲大腔演变为山歌，再由山歌形成小调。明末李自成攻打北京时，武乡便流传着"葵花开花顶顶黄，穷人们都向李闯王""核桃树开花半夜开，李闯王替咱打老财"的小调，由此推断，"开花调"在明朝时已在武乡民间广泛传唱。到民国年间，所流传下来的唱词就更多了。抗日战争爆发后，武乡"开花调"成为在"户户住过八路军，家家出过子弟兵"的土地上火种一般的存在。其间，传唱最广的"开花调"就是《逃难歌》《来了日本小熬胶》《当不了英雄别登门》。

离相寺

　　离相寺，位于武乡县城东35公里小西岭村南的德峰山上，原名德峰寺。据历史相传，北魏太武帝时，高僧法显在此坐化。五代后周时，德峰寺因"法显高僧以离幽谷，圆寂西去"一事被官府赐名为离谷寺。到宋端宗景贤三年（1278年），寺院住持雄辩大师将高谷寺改名为离相寺。至此，元、明、清、民国一直沿用离相寺之名。抗日战争时期，八路军曾在离相寺开办军需工厂。1980年被列为县重点文物保护单位，1999年8月批准恢复离相寺为合法道场。

　　离相寺，还是一座著名的消暑胜地，这里风景秀丽，林木葱茏。正如碑文所描述："山崖陡峻，峡谷幽深，间藏四壑，出岫五峰，前瞻后依，水光接映，景趋幽微，地蕴灵圣。"

引文 ｜ YINWEN

《无题》
（据离相寺内碑文）
无名氏

古寺临山曲，行行纳晚凉。
一犁梅子雨，满院枣花香。
谒佛幡施紫，翻经字射黄。
清幽真佛地，不减白云乡。

■■赏析■■

离相寺，因法显坐化于此，其佛教特色更浓，对信众的吸引力也更大。这首古代无名氏题写的古诗，用一句"清幽真佛地，不减白云乡"把离相寺自然和人文的双重特色总结得相当到位，同时还给离相寺做了定位（"不减白云乡"），这是对离相寺最高的礼赞。也正是有这样的特色，离相寺经历一千多年而不衰，成为当地和周边地区的热门寺院，在传播佛教文化方面做了相当大的贡献。

离相寺赋（节选）
王照骞

巍巍太行，莽莽苍苍，叠印出千年世事沧桑；滔滔浊漳，浩浩荡荡，流淌着历史文化之光。沿武东型塘截漳而南，入德峰幽谷古刹离相。斯寺，物华天宝，地灵人杰；斯寺，名冠三晋，辉煌武乡；斯寺，中华北方之佛教摇篮，高僧法显、佛图澄之弘法道场！

悠哉离相，千年辉煌！方志多载：离相古刹，始于东汉；民间久传："先有离相，后有武乡"；千年古碑石头书，剜苔剔藓觅题留：德峰之山，原系五峰，东汉建寺，寺从山名；历史延至西晋，斯寺驻锡高僧，感念佛图弘法，山寺并易德峰；东晋法显大师，暮年在此坐化，因师圆寂西去，复赐离谷之名；宋元雄辩寂照，禅悟佛理高深，离谷更名离相，寺名延传至今；后经朱明大清，名僧梵江洪津，历经苦心经营，福荫冀鲁豫晋；虽历遭法难，遍经风雨，数度倾圮，几曾毁荡；然游人络绎，香火鼎盛，梵音不绝，慧灯常明。悠悠离相兮源远流长，千年古刹兮万世景仰！

秀哉离相，万千气象！德峰离相，地之形胜：东绵太行，银蛇凌空飞舞，彰显德峰之脊骨；西临浊漳，碧水奔涌流淌，昭示福祉之悠长。碑铭："山崖陡峻，峡谷幽深，间藏四墅，出岫五峰，前瞻后依，水光接映，景趋幽微，地蕴灵圣。"若夫岭巅俯瞰，峰回路转，岚光掩映，林木荫翳，蝶飞蝉鸣。徒步风景之间，一似神仙中人。是时方觉天高地阔，云白风清，去留无意，宠辱不惊。而忽谷底仰视，殿阁高耸，飞檐横空，丹青辉煌，霞煇日明；左怀延生泉，右肩离相钟；远观舍利塔，近瞻观思亭。此刻顿感菩提妙境，悦目怡情，宛蓬莱桃园，若虎溪鹫岭。诗云："到此顿觉心如洗，了悟波罗兴致长。"噫吁！"天下名山僧占多"，上党名山看德峰；丰州古刹六十座，寺中名寺在离相！

伟哉离相，人文无尚！德峰山名震遐迩，并非因其历史弥久；离相寺轰传京畿，亦非凭其地处幽静。何哉？文曰："山不在高，有仙则名"，"寺不在大，有僧则灵"。维首推半神半人佛图澄大师在此弘法护教，高僧法显坐化离相之法乳弘恩。天竺佛图高僧，身怀特异神通，晋代著名禅师，北方佛坛祖宗。五胡乱华，民不聊生，东行洛阳，普济众灵。碑载："然时逢大乱，圣道不行，遂隐武乡，静观事变，行洗脏辩铃，诵咒役鬼，医死卜吉之神通，遐迩轰传，奉者如云；曾缘遇哈略，策杖军门，起信石勒，大德彰炳，遂广兴塔庙，绍隆三宝，穷乡僻壤，寺立如林，光照赫奕，非可言陈。"由是御封为"大和尚"，并赞之曰："国之大宝"！东晋法显，年逾花甲，邀约同道，西行求法。历艰险而不顾，置生死于度外。翻山越岭，步数万里，经三十国，广参圣迹，学习梵文，抄录经典，历十三年，满载而归。垂暮之岁，圆寂离相。碣曰："僧人中有真修法显，明心见性，端坐而化。"法显，大宗教家、大翻译家，阅其经典，无不额手称奇；法显，大探险家、大旅行家，闻其经历，引人振聋发聩。西天取真经，先于唐玄奘二百年；发现新大陆，早于哥伦布千余载。印度史学专家叹之："若无法显《佛国记》，古天竺之历史将难以开篇"；中国近代学者著述："法显不愧是中西文化交流史上的一颗巨星"；鲁迅先生赞曰："中国历史上这许许多多多舍身求法的人，正是中国的脊梁。"诸如石勒皇朝山"灌顶"，送子弟寺院学经；日雪舟之入寺参佛，发禅心筹建茶亭；离相钟之洪大奇特，引虎口传说优美动人，雪山会恢弘壮观，顶灯舞八面威风！则则故事，道道人文景观；悠悠传说，依依眷恋景仰！

壮哉离相，红色乐章！离相寺不仅有晨钟暮鼓、经声佛号之宁静祥和，也曾有金戈铁马、炮火硝烟之豪情悲壮。七七事变，倭寇侵凌。国值存亡之秋，民遭涂炭灭种。八路总部，挺进华北，转战太行，进驻武东。朱总司令，于法显洞之前方医院慰问伤员；彭大将军，赴石佛沟与军需工人屈膝谈心。威震敌后之名扬游击队、清河子弟兵，在此集结，阻击日寇于蟠武线；誉满太行之窑上沟"张家班"、武乡县独立营，由此出击，夜端炮楼于胡恋岭。噫吁！条条山路，留伟人光辉足迹；道道河谷，有英雄热血流淌。革命圣地，壮哉离相，古刹新传，红色篇章！

巍哉离相，古刹重光！夫斗转星移，世事沧桑。经年风雨剥蚀，数遭战乱匪荡，煌煌离相古刹，一片凄凉景象：瓦砾废墟，断碣残墙；塔刹依丰草，经幢卧夕阳；堂堂法像乎土葬于寺西塔林，巍巍大钟乎砸毁于愚昧疯狂！改革开放，百废俱兴。弘扬民族文化已成共识，抢救历史遗产蔚然成风。庚申夏列入政府保护，己卯秋恢复宗教活动。呜呼！诚如经云："法不孤立，仗缘而生。"顺天道乎，天随人意，左右逢源；合人伦乎，民心所向，事业昌隆。北京市佛协副会长、广化寺住持怡学大和尚，高瞻远瞩，韬略在胸，运筹于幽燕，发心于德峰。谨记佛祖弘勋、圣师教诲，不忘"爱国护教，利乐有情！"以新思路、新格局开拓德峰旷世景区；用大气魄、大手笔描绘离相绝代胜境。经年筹资近千万，巍巍功德缘众生！广化寺监院妙文法师，往返奔波于京

晋,广结中外佛缘,主持鸠工法事,如师真修净业,僧俗莫不敬之!李公中书,以寺为家,复修盛事,科学操作,煞费苦心,功德堪嘉;妙海法师,湛水先生,心早在寺,由兹发轫;周边村民,居士香客,添砖加瓦,放光发热!自丁亥春破土奠基,至己丑夏合尖告竣。天王殿、往生堂、延生堂、三大士殿、大雄宝殿纵贯于东,拾级而上;地藏殿、念佛堂、高僧堂、讲经堂、议事堂横列于西,井然有序;方丈室、名人馆、题词厅、接待室、流通处及斋堂、寮房镶嵌其间,应有尽有。《大悲咒》《十小咒》,经幢巍峨,肃穆圣洁,佛光昊昊,昭示三宝;观思亭、古碑廊,妙笔有悟,演示历史,禅意深邃,荡气回肠。仰湛湛寺门,拜森森法相兮顿悟菩提;念观音紧咒,诵贝叶真经兮万善归宗!

走笔至此,忽闻钟声,不禁忆起两首方言民谣。其一:"平遥的城,上党的门,武乡离相寺的老大钟";其二:"离相寺大钟响一声,三天三夜不落音。"那离相钟,雄视尘寰,

风骚独领;那离相钟,声响洪大,奇特无穷;那离相钟声,无止无休地召唤着真、善、美;那离相钟声,无时无刻不在净化着村风、民风……

嗟夫!悠哉离相!秀哉离相!伟哉离相!壮哉离相!巍哉离相!朝圣离相!何哉?杜甫云:"露从今夜白,月是故乡明"!

■■解读■■

王照骞先生是武乡知名的地方文化工作者和研究者,武乡地域内的文化遗产都在他的关注和研究范围内,离相寺也不例外,这篇大气磅礴的赋就是明证。可以说,只有对离相寺有相当的了解,长期的关注,并深度参与其保护和开发的人,才能写出这样的赋来,外人是很难达到如此的"痴爱"境界。

这篇赋,简直就是一部离相寺志,也是一部离相寺全史,更是一部关于离相寺的史诗。

扩展 ｜ KUOZHAN

◆武乡琴书

武乡琴书起源于武乡农村，约有二百年的历史。传说，武乡琴书是由艺人将鼓儿腔和中原曲种鹦歌柳糅合，并吸收了当地小曲而成。艺人们称之为"九腔十八调，七十二哼哼"。最初，演唱以两人一组，以八角鼓击节，用木胡伴奏，唱一段吉利辞赋，借以乞食。到清代同治年间，盲艺人开始坐场说大书，每组增至六七人。抗战时期，武乡县组织了盲人宣传队。为烘托抗战书目说书气氛，艺人们承袭了咸丰年间大板书艺人演奏七件打击乐器的技巧，这时才称为武乡鼓书。武乡琴书后来创造了起腔、垛板、簧腔等。演唱的新书目有《西安事变》《减租减息》等段子。新中国成立后，盲人艺术工作者取消了打击乐器，以月琴为伴奏，开始叫武乡琴书。

太岳军区司令部旧址

简介 | JIANJIE

　　太岳军区司令部旧址位于沁源县沁河镇闫寨村东，距离县城7公里，是抗日战争时期太岳区党政军领导机关驻地。建筑依山开凿窑洞10孔，主体8孔，坐北朝南，占地面积约1800平方米。分三个院落，左右连通，坐北向南，其中中院为薄一波、陈赓办公院落，有3孔窑洞；西院有王新亭、毕占云居住的窑洞两孔，其余为参谋处、政治处、供给处、警卫连住处。旧居中有太岳革命文物照片、实物陈列室。

1939年秋，陈赓率386旅进驻沁源，开展对敌斗争。 1940年6月太岳军区成立，陈赓任司令员、王新亭任政委、周希汉任参谋长、苏精成任政治部主任。中共太岳区党委、决死一纵队司令部、太岳军区司令部等重要领导机关一同驻扎在闫寨，1942年10月20日，太岳军区由闫寨迁往安泽县。

太岳军区司令部在闫寨村驻扎的两年半时间，是太岳军区开创、巩固、发展的关键时期。粉碎了阎锡山妥协投降日军、进攻新军的"十二月事变"， 整顿并扩大了太岳区军事力量，参加了"百团大战"，粉碎了日军对太岳区的两次大"扫荡"，薄一波、陈赓等在这里领导和指挥了著名的围困日军两年半的"沁源围困战"，指挥开展了岳南区的武装斗争，壮大了军事力量，支持了党政工作。

早在1986年，山西省人民政府将此公布为省级文物保护单位。1995年列为省级爱国主义教育基地。2013年公布为第七批国家级文物保护单位。2016年12月，太岳军区司令部旧址入选《全国红色旅游景点景区名录》。目前是山西省爱国主义教育基地，全国红色旅游经典景区。

引文 | YINWEN

这就是沁源
——《沁源1942》后记（节选）
蒋殊

"一场伟大的战争！一场完全意义上的人民战争！"走过沁源，惊心动魄，感慨万千。

从1942年秋到1945春，沁源军民对敌作战2730次，毙伤敌伪3078名，生俘特务汉奸245人。整整两年半的沧桑荣辱，笼满一片叶子周身，叶脉，叶身，叶尖，叶根，斑斑血迹，点点泪痕。

英雄旧居，惨案遗址，每一处，我都不止一次走进，以最原始的方式一步步攀上，越下，丈量，瞻仰。曾经的血色黄昏，烽火清晨，而今也是忽阴忽晴。曾经血流遍地之所，而今杂草丛生。

翻山越岭。可是，那不仅仅是一道道山梁，一条条沟壑，一段段河流，更是一片片鲜血，一把把尸骨，一串串数字。

1951年4月21日《山西日报》刊登《沁源人民的血泪控诉》一文记，整个抗战时期"日军杀我沁源人民9153人，被敌俘去生死不明者1573人，被敌残杀而成残废者14250人……牵走和宰杀牲畜11143头，猪27590口，羊14610只……烧房屋2246935间，砍伐树木17600株，抢劫粮食10700多石。"

两年半时间，900多个日日夜夜，沁源以八万人的弱小力量，贡献出一万多优秀子弟参军，养育了太岳区八个县的抗日政权，以及两个子弟兵团。从1937年到1945年，八万沁源人近一万牺牲，一万多百姓致残。

那仅仅是一串串数字吗？那是一个个无数次死去的生命，是一份份无上强大的力量。

数字太长，我无法一一寻觅。那片叶子上，我走得磕磕绊绊，跌跌撞撞，无数次摔倒，又无数次爬起。触碰的每一寸土地上，都有沁源人的血迹，呐喊，气息，进而是气节。

对，气节。

转移之初，正是因为有县围困指挥部不断在党内强调气节教育与党员的先锋模范作用，才有了一批又一批死心塌地跟随的人；转移之后，正是因为"哪里发生问题多，哪里就能找到党组织，找到刘开基"，才有了沁源围困战的胜利，有了一群"英雄的人民"，以及一座"英雄的城"。

时任太岳区二地委书记、亲自参与指导沁源围困战的史健曾说过，"沁源'两年半'的胜利，和起用了一个有觉悟、有群众基础的当地人（刘开基）有重要的关系"。

正如1944年2月4日的《解放日报》报道中所言："人民的公仆——抗日政府，和人民的儿子——八路军、决死队、游击队，是和群众一起打发着日子的。"

一个核心人物，一群坚定的跟随者，怀着一个坚定的信念，朝着一个正确的方向，义无反顾，泣血前行。

八万沁源人，在危难袭来之际不屈不挠，万众一心，排除万难，联手唱响一曲保卫家园之歌，悲怆淋漓，艰苦卓绝，荡气回肠，谱就出一种独一无二的沁源精神。

两年半，家散了，但党组织没有散，百姓没有散，反而越聚越拢，越战越强。

最终，沁源人披荆斩棘，走向终点，让鲜红的旗帜高高飘扬在太岳山上。

然而人们看到的是胜利，看不到的还有背后的壮烈、艰难、隐忍、压力，以及磨难。沁源人有大格局，大视野，始终没有将自己放在一个县的位置上对待那场战争。因此沁源围困战，便不仅仅是一场将敌人赶出家园、光复县城的战争。两年半艰难的围困战，彰显了沁源人民罕见的民族气节与坚强不屈的时代精神，八万沁源人以巨大的牺牲，保卫与巩固了抗日根据地，不仅成为太岳抗日民主根据地的一面旗帜，鼓舞了全国人民抗击侵略者的士气，而且还支持了世界反法西斯战争在东方战线的胜利，成为世界反法西斯战争中的典型战例。

特等民兵杀敌英雄李德昌在抗战结束后，曾受邀出席在原捷克斯洛伐克首都布拉格召开的第一届"世界青年联欢会"，专门介绍太岳区抗日情况。1978年，出生于沁源的美籍华人、著名物理学家任之恭博士第一次回到家乡时说："沁源围困战当时在美国很有名，是个世界历史奇迹，是沁源人的骄傲。"

英雄遍地，英雄满村。书中的人物，便是这片土地上随意碰到的人。然而沁源人并非天生的英雄，那些和战士们一样在烽火中穿越的民兵，也是普普通通的农民，他们也曾没有规矩，不受约束，正如陈赓在日记中写到的那样，初始阶段，很多民兵"爱面子，散漫，爱埋怨，要出风头"。然而面对家园被侵，他们没有束手就擒，而是选择接受中国共产党的引领，舍小家顾大家，舍小我顾大局，一天天成熟，壮大，成长为保家卫国的英雄。

沁源并非没有汉奸，而是将出现的及可能出现的汉奸及时揪灭、镇压。"任何地方发生什么问题，党组织随时知道。"这就是最简单却至关重要的制胜法宝。

这本书，呈现的是沁源两年半围困期间一个个普通沁源人的信念、坚守与选择。他们是平民，他们却是英雄。他们中的每一个，都可以代表沁源的形象，甚至民族危亡之际中国人的形象。他们每个人身上，都有一种威武不屈、不怕牺牲、勇于奉献的沁源精神。

这本书想传递的，就是一种精神，一种在家园被侵占后奋起反击的精神，一种无刀无枪却宁死要往上撞的精神。

■■解读■■

蒋殊，太原市作家协会副主席，现为《映像》杂志执行主编，著有散文集《阳光下的蜀葵》《重回1937》《再回1949》《坚守1921》《天使的模样》《红星杨》《少年时遇见你》等。曾获"赵树理文学奖"、《小说选刊》年度大奖及两届"长征文艺奖"。

谁能想到，太岳山区的沁源县竟然是抗日战争的英雄县，沁源县为抗战牺牲了1万人民，而这只是一个拥有8万人的山区小县，蒋殊老师在她的知名作品《沁源1942》的序言中就为我们惊心动魄地讲述了沁源人民的伟大抗战精神。要看沁源人民为抗战做出了多么巨大的牺牲，蒋殊老师的这本书已成为最佳的读物，这本书也成为我们了解山西乃至全国抗战的一个缩影。

可以说，沁源就是全国抗战的一个缩

影，一个典型代表。即使过去了七十多年，沁源当地到处还有抗战的痕迹，抗战的故事一直在当地流传。而太岳军区司令部旧址是沁源抗战留下的一个宝贵文物，它也像沁源人民的抗战故事一样，永远留在世上，成为中华民族不屈不挠、反抗侵略的重要纪念碑！

向沁源军民致敬

（节选，《解放日报》1944年1月17日社论）

沁源人民，不仅是消极地不当汉奸而已，而且积极地围困敌人。从敌人占领沁源城的一天起，直到现在一年另二个月中，敌人天天受到我沁源军民的打击。综合起来说，有下列数项：

一、从一九四二年十一月以来，洪洞—安泽—沁源—交口—沁县大路上，一万五千人民，全部有组织地转移到离开大路的山庄中，这一个大转移组织得非常之好，农民曾对地主作了很大的劝说和首先帮助他们搬家，对于大烟鬼地痞流氓也做了劝说和监视，由于农民全体组织起来和发动起来了，敌人所获得的仅是一个真正的"无人区"。民众转移到山庄中后，政府拨给土地耕种，贷给款项进行小的手工业生产，并组织群众互助来解决生活问题。不仅这样，由于民众有了组织，有了武装，他们以敌人之道还治敌人，开展了劫敌运动，和到城里抢粮，不仅去抢回自己被敌人抢去的资财，而且去抢得敌人的资财。这种不分昼夜不分男女老幼全体参加的劫敌运动，使敌人的掠夺阴谋完全破产，反而损失不少物资。政府的帮助、群众的互助和劫敌运动的开展，解决了一万五千人的生活问题。

二、在军事上，一九四二年十一月开始，敌以六十九师团的三个大队，驻于洪洞到沁源一线，进行所谓"驻剿"，到一九四三年三月初，被我围困得没有办法，撤出去了。七月以后，换来敌三十六师团的三个大队，驻于沁县到沁源县一线，进行所谓"驻剿"，到九月，又被我围困得没有办法，再行撤走。九月后，敌人调来第六混成旅团（现已改为师团）三个大队，三个月来，仍然毫无办法。除了较大的战斗不计外，一九四三年沁源群众每日平均毙敌五人，全年几达两千人之多。从沁源到沁县的大路，经过圣佛岭，沁源敌人每隔一天必须经过这里到沁县去领给养，民兵每隔一天也必在此地与敌人打一仗，每打一仗敌人平均伤亡三人，因此，沁源敌人每次到沁县去领给养，出发时就说："今天不知那三人死了的"。

三、在围困敌人的战斗中，沁源产生了无数民兵英雄。其中如任彦，自围困敌人以来，他在一年中亲手格毙敌兵三十七名，他自己受敌刺伤五十二处。据太岳的领导者薄一波同志电告本报说，此人现仍在养伤，最近薄一波同志曾亲自去慰问过他，他说："我的伤不久就可痊愈，我还要去杀敌人。"至于民兵英雄中杀敌五名至十名的，就很多很多。

四、一年半极端紧张的斗争中，沁源人民的战斗意志更加坚强了，军民的团结更加坚固了，共产党在人民中的威信更加提高了。沁源人民，曾经经过一九四〇年十二月敌寇三万人的大"扫荡"，在这一次扫荡中，敌人实行

"三光政策"，屠杀民众三千六百人，烧房子十二万五千间，杀死和牵走牛羊猪鸡等牲畜无数，沁源人民毫不屈服。沁源人民又曾经经过一九四一年秋季敌寇的大"扫荡"，在这次"扫荡"中，敌人采取"怀柔政策"，杀人甚少，想来欺骗沁源人民伪化，沁源人民也不为引诱。敌人在一九四三年春季，又进行大"扫荡"。以后沁源被敌人占去，"扫荡""蚕食"更加频繁，但沁源人民依然坚持斗争，依然在那敌后最艰苦的环境中，继续围困敌人，和保持没有一个人当汉奸的光荣记录。

■■解读■■

"沁源围困战"名震中外，在1942年底至1945年上半年被延安《解放日报》报道百余篇，毛泽东曾说"模范的沁源，坚强不屈的沁源，是太岳抗日民主根据地的一面旗帜，是敌后抗日的模范典型之一"。由这些进入史册的报道和论述，可以看出沁源在抗战史上的重要地位。社论《向沁源军民致敬》，是《解放日报》对沁源人民艰苦抗战的一次总结性评价，在当时产生了巨大影响，同时长期以来也成为一篇激励沁源人民积极向上、艰苦奋斗、爱乡爱国的经典文献。

扩展 ｜ KUOZHAN

◆闫寨家吃丸子——争的是一口气

改革开放以前,沁源的百姓生活十分困难,别说山珍海味,就是家常便饭都难以维持。因此,每逢人家办酒席,便成了村里的大事。

说是酒席,其实也很简朴,不过是家常的山药蛋、白菜、萝卜配以猪肉、金针、木耳做成的各种菜肴而已。吃饭时,一桌8人或6人,只能吃自己前面的,切不可拿筷子乱来,否则,便会遭人白眼。当盘中菜快完时,桌上年龄最小的,可以去吃盘底,这是一种特殊的享受。席尾,有一道菜是丸子,不仅预示着菜已上完,而且极其好吃。由于穷,只能是每人一颗。一天,闫寨的一位男子到邻村亲戚家做客,不知是有人多吃了一颗,还是大师傅少放了一颗,反正当他准备伸筷子去夹丸子时,碗中早已空空如也。他气得将筷子往桌上一甩,冲着端饭的喊:"这桌上少一颗丸子!"端饭的人说:"少就少啦,你也用不着发那么大的火呀?"闫寨的这位男子说:"我不是争那丸子,争的是口气,说的是个理!"自此,闫寨家吃丸子便在全沁源传开了。

灵空山风景区

简介 | JIANJIE

　　灵空山风景区位于沁源县西北灵空山镇，南接古县，西靠霍山，北连石膏山，属太岳山系，总面积为15.44平方公里。境内奇峰叠翠，林海茫茫，目及之处无不层林尽染，绿意盎然，因此这里有"天然氧吧"的美誉。特殊的自然生态环境，使灵空山成了一个千峰竞秀、万木葱茏、空气清新、鸟语花香的"世外桃园"。灵空山风景区地貌特点形似一个硕大的蘑菇，中间三条峡谷交会，呈"丫"形分布，其中风洞沟峡谷较长，约5公里，草沟和将军墓沟各3.5公里。风洞沟被誉为"龙游胜境"，草沟人称"蝴蝶谷"，将军墓沟则以"十里画廊"著称。灵空山风景区景点有近50处，专家将它们分为六种类型：第一类为珍奇古树，计有"世界油松之王"九鼎松（九杆旗），古松"一炉香""三大王""招手松""一佛二菩萨""哼哈二将"，以及生于元、明、清、新中国成立初期的"四朝云杉"，此外山中还有巨松数百株，均气势不凡，蔚为壮观。其中"九鼎松"和"四朝云杉"被称为灵空双绝，为世所罕见。

灵空山赋
钟茂荣

云幔灵空,仙隐圣寿;天悬蹊径,松矗危峦。衍禅宗而尊福地,叠翠屏而秀沁源。瑶草琪葩,醉野色之馥郁;烟溪竹涧,聆清籁之淙潺。尔其南倚京洛,北傍太原。东连长治,西引延安。绝壑五川,垂禹贡于九夏;化鼎三足,迎神女于八鸾。洵乃景致逶迤,声名煜曜。霞焕昆阆之绮华,雾萦蓬瀛之缥缈。湛冽幽谷,曲水盈盈;澄澈碧霄,习风浩浩。寄太岳之余情,宣帝子之恩诏。斯是胜地悎悎,佛光杲杲也。

闻夫龙母游赏,僧侣相邀。弈棋于山庙,触怒于螭蛟。逢涓流之聚洪涛,锦帕乃尽蘸;遇雄峰之挤峭壁,金簪以抵消。已然碎其毒物,化为石雕。遗留维妙之造像,诉说烂柯之山樵。棋盘尚存,点线皆沉思之痕迹;仙桥悬拱,瀑泉或洵美之醴醪。伊昔黄巢乱谋,李侃知警。避于杳杳之空山,耽其茕茕之孤影。唐山寨,乃初到而结庐;东峡峰,常遥伫而谒敬。而后敕建香园,退遁梵境。螺山寺置其北,灵寿寺立于南;海泉寺位其东,圣寿寺居于正。圆寂乃奉为先师,祈雨则显而灵圣。

于是慕稠林,攀秀岭。乔树亘连,油松荫映。金乌斑驳而盛情,玄鬓流响而逸兴。三菩萨之神态,现五官而宣慈;九杆旗之阳刚,立千秋而劲挺。矧夫并辔之八大金刚,交错之哼哈二将。一炉香之肃雍,三大王之奔放。礼佛古木,学六祖而明心;招手奇松,引杜郎而俊赏。方验冠盖三晋,称雄九州。梦流连于渊黛,心震撼于苍虬。步履逍遥,清新而觉爽;风袂澹泊,冲雅以谐柔。遂尔凌霄远眺,极目尽收。神怡于云海,气畅于瀑流。横无际涯,若巴陵之胜状;壁立千仞,亦天姥之酣游。

然后主峰而下,阴麓而过。跨峦桥于险隘,穿幽径于斜坡。宝寺庄严,皇帝赐名为圣寿;先师慈宥,信徒供祭如佛陀。观夫背倚高岑,前临深涧。显悬空寺之妙相,蕴罗浮山之法螺。造化神奇,如花如锦;工程精巧,如琢如磨。是有经阁绝尘,钟楼高耸。琉瓦而飞檐,雕梁而画栋。蛱蝶漫舞,绕绚烂之山花;雀鸟时鸣,朝祥瑞之梧凤。每至佛诞佳期,先师诚奉。祈禳之殷勤,进香之踊跃。悠悠碧霭,游客危栏闲凭;点点青灯,僧侣禅经虔诵。

继而拾级瑶阶,瞻晒丹洞;顾怀玉阙,礼愿芽庵。忽尔之海蜃,徐来之云骖。暖暖风情,仙桥有蓝桥之魅;翩翩花海,蝶径生蝶梦之甜。或且下临旷野,远眺巉岩。林密留白于薄霏,山深点染以飞檐。玉立千阶,迥途盘曲者重九;钟鸣万里,邃谷回响而再三。至乃攀越峰巅,徜徉陌上。赞灵空山之瑰玮,仰东钟楼之雄壮。王勃偶遇,当抒逸兴之端;王粲莅临,应念登楼之爽。如切如削之危峦,如圭如璋之画阙。碧绿之唐山寨,突兀孤悬;苍黄之舍身崖,遥相对望。是以槛外修妙玉之心,菊间感陶潜之想。天地

合融，物我两忘矣。其诗曰：

> 九夏风华一脉收，灵空山色醉清眸。
> 半碑石阙三生悟，满地油松几世修？
> 侧耳仙钟何慨叹，参禅帝子此淹留。
> 古来避世桃源地，喜作骚人胜景游。

■■ **解读** ■■

2020年，在由山西文学院、山西晚报社、沁源县文学艺术界联合会共同主办"沁源赋"赋文学大赛中，当代辞赋作家钟茂荣先生撰写的《灵空山赋》在众多参赛作品中脱颖而出，受到专家和读者的好评。作品通过赋这种古代文体，全面展现了灵空山景区的人文、地理、建筑、自然和传说。可以说，每一个景点都留下了无数的诗词赋文，而其中有几首（篇）经过时代的筛选，会成为经典，让人一提起该景点就会顺口而出。《灵空山赋》，就具备了这种潜质，如果你还没去过灵空山，那你先读读这首赋作，看看它是否会引起你的旅游冲动；如果你去过，那么你也读一遍，看看这首赋是否传达了灵空山的境界。

《灵空山》节选

李晨光

1983年，在灵空山附近的西务村，我向沁源县的林业科长窦相卿先生请教，他60多岁了，战争年代在圣寿寺住过几年。那一夜，

我们几乎没睡，我发问，然后听着他平缓的讲述，回来后作了补记：

"灵空山祈雨，主要是哪儿的人来，真的灵验吗？"

"祈雨的人，平遥最多，霍州其次，还有灵石的、赵城的，沁县的也来。差不多年年有，十有九灵验，没多有少。只要祷告，总会下点儿。"

"为什么？有没有科学根据？"

"只要来求雨，至少是旱了两三个月了。一般来说，旱到百天左右，总该下些了。百日无雨的大旱，总是几十年才会遇到一次。所以，祈雨没有如愿，也有可能，但不算多。人们在旱年来祈雨，是心理上敬奉天神，迷信。"

"来祈雨的人，是自发的，还是有组织的？"

"是干旱乡村的'社首'发起，由百姓公推德高望重的老人来。每社来六位，都是六十岁以上的。"

"怎么来的？完全步行？"

"当然是步行。要不穿鞋袜，光脚板来。不管多远，只能在野外露宿。来时要带上奉献的猪头和羊头，各种点心、果品，还有黄表纸、蜡烛和香。"

"到了寺院之后呢，先做什么？"

"各地祈祷的人，进寺时都只能走侧门，只有平遥卜宜的除外。先师菩萨的娘舅家是卜宜村，他们进正门。来的人在正殿前摆好供案，把奉献的供品端到案上，点上蜡烛、油灯和香。先派出两个人去盖海洞取圣水。"

"盖海洞，在哪儿，远不远？"

"离寺院不到五里地，那儿有五龙池，除了旱年，平时每个池都有水，池水就是从盖海洞的地下流出来的。盖海洞在上头，是个岩洞。祈雨的人进洞时，一人把支蜡，一人端着空碗。进去几丈远，有一块大石头堵住，这块大石头叫'乳心石'，它和岩壁中间有条一尺来宽的缝儿，一般人侧过身子能过去，再胖的人收腹也能过去，据说做了亏心事的过不去。从这里过去后，再向里往下走十几丈远，就到了洞底，能看见岩壁底下滴水。跪下磕三个头，用碗把岩壁的滴水接满，然后往回走。要走得稳些，出洞时碗里的水越多，老天爷给下的雨越多。"

"乳心石那里有没有过不去或者出不来的？"

"没听说过，这恐怕是吓唬人的。平端上碗，走回寺院，把碗供到案上。这时六位老汉一同跪在案前，向菩萨哭诉，求菩萨可怜，求菩萨救命，求菩萨给下雨。边哭，边喊，边磕头，哭要真哭，要流泪，喊要喊破嗓门。"

"哭一整天？"

"至少要哭一个时辰，就是现在的两个小时，直到哭得案上的黄表纸湿了，来给油灯添油的和尚把黄表纸掂起，让祷告的老汉们看见，说菩萨感应了，起吧。"

"怎么，黄表纸怎么湿的？"

"和尚们后来给我说过，他们弄的。他们听到哭的时间太长了，不耐烦了。就趁去取油的时候，把衣袖在水缸里拖一下。回来给油盏

添油时，顺便把湿袖在黄表纸上挨一下就行了。黄表纸吸水，立马就湿了。"

"这就结束了？"

"结束了。大中午，红日当头，老汉们光脚往回走。往往走到半路天就阴了，有时下点儿小雨；也有时下成倾盆大雨，把老汉们淋成落汤鸡；还有的是回村后才下，一般总会下些。"

"真灵？"

"当然真灵。灵空山山高林多，气候阴湿，本身就雨多，不求雨也会下。周围地方，旱的天数多了，也总要下点儿了。当然，也有不灵验时，那就认为是心不诚了。就要再来祈雨，甚至抬上整猪整羊，带来响工，还有的给请上戏班，让菩萨看上戏。也是灵就灵，不灵就不灵。"

■■■解读■■■

李晨光先生的《灵空山》一文，通过传说，追溯了灵空山的"祈雨"源头，然后他带着怀疑，向当地的老先生打听"祈雨"的过程和效果。在祈雨已成为历史的今天，我们一提到这个词，就会想到迷信和落后，但是这却是前人的一种应对自然灾难的方式，里面寄了先民的思想感情。我们通过两位先生在20世纪80年代的对话，可以想象灵空山圣寿寺在传统社会的重要地位，也可以理解"灵"的内涵和历史意味。今天，我们把这段对话看作传统社会的农业风俗和农业文化，通过这段对话来理解灵空山之所以成为当地和周边地区重要景点的一个重要历史原因。

◆非物质文化遗产——灵空山的传说

灵空山的传说主要流传于沁源县灵空山镇灵空山风景区一带，由两部分组成，第一部分是神话传说，第二部分是历史人物和事件的传说。神话传说中最有地域特色的是关于龙的传说和佛教故事的传说。龙的传说，将龙生于灵空山的故事叙述得极为详细和精彩，可以说是一部浓缩的龙的传奇，完整而不俗。此外还有有关佛教故事中佛和菩萨救民于水火的普度众生的故事，也十分精彩。而历史故事中主要是唐末和北宋时期李侃、赵匡胤的故事，其中既有历史的真实性又有虚构的神奇性，很有艺术特色。每一个传说都有相对应的景观景点和村落地名作为印证，故事与景点珠联璧合，是灵空山传说的又一特色。

龙的传说以当地"好模样"村一女子误食五颗带虫子的蟠桃而生下五龙为起始，五龙与龙母因纠纷发生混战，最终小龙丧命，其余四龙子被放归四海得道成为四海龙王。与之相对应的地名和村名也一直保留至今，如五龙川、蟠桃凹、龙头村等村名，五龙洞、五龙池、盖海洞、龙尾、龙脊、龙胆等地名和景点。

神话传说则以当地特殊的油松景观为依托，衍生出一些与佛教、神仙修炼得道相关的神话故事。如九杆旗、仙桥、一佛二菩萨、二仙传道、一炉香、哼哈二将等。

历史传说则是唐皇子李侃为躲避黄巢起义而历经皇家追寻和农民起义军追剿等磨难，最后隐居灵空山一心向佛并修炼成佛的故事。其后宋太祖赵匡胤征战途中在灵空山受施雨王荫护，而幸免于难，称帝后敕封唐皇子李侃为"先师菩萨"，并题写"圣寿寺"，这也是传说故事中的一部分。

◆非物质文化遗产——三弦书

三弦书又称"三弦铰子书"，流传于晋东南的沁县、武乡、沁源、襄垣，晋中的左权、榆社，晋南的安泽、浮山等地和河南南阳及其周边地区。它形成于明末清初，至今已有三百多年的历史。

沁州三弦书早期演出时由一人说唱，同时自行以三弦、摔板和小铙伴奏。后来发展出一人为主、多人分行当辅助说唱的群口演出形式，演唱时登台的众人分持三弦、二把和反二把、笛子、四弦、二胡等乐器，边唱边奏。其中承担主要说唱表演任务的人除弹三弦外，还须手打小铙、腿绑摔板。沁州三弦书的唱腔属于板腔体，由"月调"和"平调"两部分组成。"月调"包括"平板"、"垛板"、"颤板"（又作"战板"）、"哭板"等板式和唱法，"平调"由六个腔句构成，曲调优美动听，主要用来说唱一些小段。沁州三弦书表演前通常先要演奏一段器乐曲牌，接着吟诵四句"提纲"，然后"起板"或曰"叫板"，最后才转入"正书"说唱。其传统曲目以长篇为主，一部作品大致在三十至六十回左右，可连续演出一两个月。

仙堂山风景区

简介 ｜ JIANJIE

　　仙堂山风景区位于太行山西麓、浊漳河北源，距襄垣县城25公里。素有"太行灵山"之称的仙堂山，九龙怀抱，方圆22平方公里，地质古老，地貌奇特，植被多样，最低海拔1100米，最高海拔1725米，观音峰、翠微峰、灵鹫峰等山峰环列如画屏，最高峰伟回山享有"上帝之碧炉"之誉，舍身岩悬崖万丈，天然卧佛神态安详而庄严。虎掌石、海底生物化石、仙堂奇松、娲皇宫奇树、朱砂洞、黑龙洞等奇石、奇树、奇洞号称"仙堂三奇"。景区花草树木360多种，绿化覆盖率达90%，空气质量和地表水质量为国家一级标准，环境噪声达到"0"标准，故有"天然氧吧"的赞誉。

　　早在东晋时期，仙堂山即为著名的佛教圣地。始建于东晋大兴年间的仙堂寺，位于太行右腋、灵山之台，因三佛座前各有一泉、殿外有二泉，又名"五泉寺"，是东晋高僧法显出家之地和弘法之所。经历代修葺扩建已形成一定规模，现遗存的东晋、宋、明、

清佛教景观有观音洞、讲经坛、法显故居、宋僧塔林等。仙堂山人文厚重而独特。后赵开国君主石勒、明代天顺年间冰怀上人天竺、明代隆庆年间少傅乔宇、明代嘉靖年间南京礼部尚书王崇庆、清代文学家赵三麒及老一辈无产阶级革命家邓小平、刘伯承、徐向前、陈赓等曾登临此山。

现存宋僧塔林石刻、经幢3通，留题、岩画残迹和清代残墨数处，明、清、民国年间重修碑十余通，出土有一金八铜共九条形态各异的行龙，均具有很高的艺术价值。正如明代永乐年间右都御史、时有"河北小圣人"之称的李浚诗云："此是蓬莱真境界，更于何处觅仙堂"。

引文｜YINWEN

仙堂山赋
崔书林

仙堂异境，梵界名山。著峥嵘以盛色，缭嶷郁于幽烟。古韩之峰，揽乎漳江气聚；太行之脉，纵其上党云迁。形犹九龙，欲腾欲骋；势拟十马，方跃方颠。景妙乃称蓬阆，人杰则壮宇寰。遂乃抬望苍茫，圣影迢迢彼处；访寻葳蕤，佛门乔乔斯间。是以客者意缱，灵域神禅也。

尔乃斑斓光彩，逶迤画屏。把芳辰之瑞彩，濡玉岫之仙风。遂见粉漫黄敷，媲美仙姑之倩；红娇绿俊，春融狷梦之馨。尔其崇崖蓊蔚，满目苍青。追凉之履连蹰，戏瀑之群共鸣。更瞻晚叶流丹，阳坂橙染；长葛纵逸，阴山紫凝。爱其挽金飙而寄意，趁雅会以披情。至若霁雪熠烁，雾凇晶莹。佛国旷谧，梵塔敦明。而纷纷摄者抢镜，络络骚客嗟声。夫化境迷媚，诗趣兴哉。

观夫百态独惟，千般妙异。惑神工之匠心，疑鬼斧之绝诣。地贶诸岭，周环梵山以恭；天赠卧佛，佑飨晴霭之瑞。而徂潞州，问天脊。九州踏遍，三漳自此合流；八面游朋，四序于斯幸会。愕峻嶒之奇木，殊花盛繁；惊峭屼之孤松，异叶幽翠。悬棺杲杲，罕之以奇；紫椴苍苍，稀乎为贵。几多玉洞，储神话而九舆；几多灵石，传轶闻而千里。煌煌御篆之昭，勉勉刘公之懿。而佛境铜塑威仪，财神庙堂玮丽。其势鸿者，号天下之最耳。

至如净土蕴厚，宝刹龙光。晨钟暮鼓，烛火宝香。逢清世而旺盛，展佛图以辉煌。遂其善意为怀，寻芳乃多妙土；禅心所向，荐誉则重仙堂。却忆唐时，泅泅而三万杀气；乃闻沮象，惨惨而众僧戮殃。幸其景弥劲，情未央。五百罗汉接风，熙熙穆穆；一尊玉门迓客，赫赫洋洋。而吟古联乃惜胜，陟天梯则揽昌。寺建之群，峭绝壮阔，鸿祯之气，纷郁飙扬。仰三殿而钦善懿，饮五泉而祈福长。矧夫雅赋流菲，诵明碑之藻丽；清诗烁彩，追圣迹而慨慷矣。

是以法显长怀，灵踪永炫。乃睇万里嵚崛，而顾千年馨梵。古藤翳处，旧隐之洞犹存；苔道斜间，礼佛之身若现。慕其靖志求法，花甲西行；摧心累骨，舍身毕愿。异域取经第一人，齿耋译文廿四卷。诚赤县之脊梁，允龙族之范典。甚乃万众趋，千群叹。循循以百念之堂，肃肃而八国之馆。始于足下，圣僧拥抱瀛环；奉以世间，苍生缅怀法显。由是观之，斯山璨乎。

懿欤，清飙逸荡，颢气冲融。山为圣芳而养浩，寺以佛化而熙鸿。爰乃天然氧仓誉之，青岚叠翠；法显宏愿酬以，懋举映虹。尔其云阿旅人济济，净土仙客雍雍。耽化境而神越，摄贞魂以志雄。承新纪于使命，挽古贤之遗风。遂则精进无馁，丕业崇焉。

■■解读■■

作者崔书林先生是襄垣土生土长的辞赋家，曾是第三届中国辞赋"屈原奖"获得者。他用自己最拿手的文体——赋，为家乡的第一大景点写了这篇赋，我们透过这篇赋作，可以想象作者对仙堂山是多么的熟悉，多么的热爱。对景点的熟悉，莫过于当地人；当景点人文历史的熟稔和研究，莫过于当地文人，因此，对景点的抒写，当地文人是最佳的选手。崔书林先生具备了所有抒写仙堂山的条件，对于我们外来游客，他的赋作，就是最佳的导游词。

游仙堂山记
赵三麒

太行自云中发，宗先天之艮，后天之乾

也。洛书之文，阳止阴上，伊止之所，为行之庭，志谓中原之正脉。两腋如华盖，仙堂在太行之中，右腋灵山之一，是山何有？有纪有堂、群圣岩、岩鹤鹿仙，仙欲舞，李进士浚诗："此是蓬莱真境界，更于何处觅仙堂。"

山属西潞韩州，略武邑百里而遥。癸酉桂月望一日，石梁子出吊东堡，李生一人怂恿仙堂之游，献香、糇粮，无声而办。

十二日辰发，过崇法寺，寺松尘尾四垂，顶横枯槎，名天桥松，亦数百年嘉树也。驰十里，至大石坡。不可乘，着屐行五里。历枣凹，四灶无烟，虎豹交于溪壑，鸟雀相呼亦少。又五里，抵坪上，始闻跫音，荷锄而至者，史光典也，云："仙堂寺，原坪上古刹，一夜风雨大作，起视，林石偃伏，佛殿宝幢，已神运于彼山矣，本村寺址，赋册尚载。"第林密路歧，人畏为伥，非谙历者不能前，即拉光典为导。越南横山，茅塞无路，闻樵丁丁，呼之不出。西折斜贝岭，十五里，牵藤而上，力尽憩于松根，敲石火，午炊，肴出杖底，雉飞炊下，应手而得，欣然一饱。行一里，循上虹岭，瞰襄垣城楼，与仙堂遥对，殆县之艮背也。导曰："东有甘花，南有贤亭，两山重岚隐豹，仅管窥耳。"上上下下，再寻登峰路，数盘至巅，巅如上帝之碧炉，登望仙冈，俯视仙刹，若在大麓深处。既陟复降，悬岸千仞，五丁半天开径，俗谓舍身岩。众有戒心，不欲进，导曰："天下之奇险，天下之奇观也，惟危得仙，又何画为？"乃蹴踏擦耳，行约二里许，栈腐中断，进退不得，恨不立化猿鹤。结衣带，缒而下，不啻邓艾裹毡阴平也。十八转，始得石叶，稍平，出险相庆，取酒脯祭饷，甘苦亦略相当。高视，刹

在山趾，及抵寺门，刹尚在肩，回望舍身岩，云隐在有无间，游仙梦真从天而降矣。寺额"灵鹫奇峰"四大字，入门上香已，以瞻以仪，僧曰："三佛，一铁、一石、一木，谓泥佛不渡水也。"佛座前，各面一泉，殿外二泉，故又名五泉寺云。四匝石纯青，如九叠云屏，中为独秀峰，亦曰翠微，接天井，山可望不可及。绝壁观音洞，外砌重台，即胜国李给谏西野避召地，壁间墨林，止辨"五峰积雪春光暮，万壑凝冰夏日寒"二语，余篇磨灭，僧曰："当年西野尽节，墨迹毁于怆父，此诗危也。"欷歔久之。天将暝，止宿僧舍。

十三，向琉璃洞，洞口长石犹龙，麟角生动，上下四壁作玻璃色，一石佛，水出于脐，祷病、祷雨辄应。尚惜沮洳闭塞，日月之光不射，云霞之彩不生，余意略加疏浚，合五泉而作瀑布，当更有灵焉。西罗汉石，亦名铙钹洞，僧云："时闻云嗷仙乐。"岂知岩窍空棂，风生则鸣，鸣则高下成韵，无足异。遂过朱砂洞，传有樵者炼丹还仙去。刘文安公紫岩，有《仙堂旧隐》诗，为县八景之一。折西数武，为"讲经坛"，有"人面石"当壁，俨点头状，山门外有蹬，署"取月梯"，本一片石，人凿而蹬。旁礐新题"醉雪石"，标："狂士李某，偕女史雪梅朝山进香。"为十日饮，湎云弹月，不知李迪雪中高卧，林下美来，咏梅耶，咏人耶？斯语可傲东山谢相，可当灵岩响屧，曾几何时，青衿山黛，胥化白杨秋草，其情景更为何如？北岩构庭者，碧霞宫也。草有毒蛇，故佛前班荆命酌。天放夕阳，闻樵牧唱，回应林壑，徐而察之，有风声、禽声、钟声、虎啸猿啼声、山精野怪声。始而欣，既而怖，拔剑而起，何必恋苦酒三升哉！就枕不能寐，月冲月准堂，堂山额作"水晶窗"。披衣复坐，招同伴集山堂，曰今中秋也，游仙赏月，百年一日，必饮尽提来旨酒，看尽夜光山色，倩维僧吹，坐敲柏，歌而和之，众客既醉，余亦和衣而寝，不知日上三竿矣。

十四日束装言归，披榛得乔太保宇修寺断碑。白岩先生，人中之凤，兹邱何幸得斯文也，命扶而竖之。南入石弄，洞横怪碣，足容数人，罅吐琪树如盖，余题曰差可坐。隐穿百橛中，至下墙基。又五里，抵漳河大峡，即高齐隔岸拜尔朱光处，飓母封姨，与漳龙作昆阳，终日之战，不得渡，仍回津处萧家沱，刘文安公茔在焉。丹墙数仞，石门包铁，御制丰碑，夹松柏如稠林之笋，赐祭田东八顷，西八顷。蒸当比于玉豆，见胜国优礼重臣，小邑一大观也，展拜祠下，留诗碑阴，乃沿南迪地而邯郸。遥望后赵张景公墓，客读公邮，乩诗凛凛有生气，予次韵，口占三首。细雨忽来，北渡节贝，跋躜斗底坡，至壁休焉，无石可语。念是庄，韩生元复作古东山，寂寞无人矣。是夜梦倚宝阁，一叟授五云诗笺，止记有"八七花前十二楼"之句，铸子灯下，续足，得诗十三首，兹录其起首三首：

八七花前十二楼，香飞蝶梦与天游，神人久假无消息，独倚雕栏最上头。

八七花前十二楼，水晶帘箔月为钩，呼童扫石排沆瀣，我与山翁话海鸥。

八七花前十二楼，仙郎欲动故山秋，闻来眼豁肠皆换，拾得红霞作钓裘。

■■解读■■

本文作者赵三麒是清代著名诗人，襄垣的临县——武乡人，顺治戊子举人，官泰州同知。这篇游记也是流传下来的关于仙堂山的最早游记。从游记中可看出，作者是在友人的建议下开始仙堂山之游的。作者在游记中提到的很多景点，今天仍然是景区的重要部分，传说也被口口相传下来。这篇游记的可贵之处是，我们能随着清代著名诗人的文字，原汁原味地重返三百多年前的仙堂山。作者的三日游，不同于我们今天的走马观花，他带着"导游"，与僧对话，夜宿寺庙，半夜与同伴豪饮，让我们身临其境地体验一次三百多年前的"仙堂山之游"。

扩展 │ KUOZHAN

◆国家级非物质文化遗产——襄垣鼓书

襄垣鼓书唱腔独特而丰富，属于板腔体裁。在艺术表演和传承方面，鼓子词、柳调两个系统各有侧重、各成体系。其音乐唱腔不仅具有快、慢、踩、抢等多样性的唱法，而且有哭、悲、喜、怒等功能化的唱腔。并有起板、二性板、紧板、慢板、散板等多种板式,和十多种常用的器乐伴奏与闹场曲牌。在长期的发展流变中,它又逐渐吸收融会了当地的地方小调、道士化缘调、民间叫卖调以及梆子、落子、秧歌等音乐元素。襄垣鼓书不仅保存了许多宋元"鼓子词"的艺术基因,而且吸收了明清以来当地民间艺术的诸多元素,说唱方式独特,唱腔曲调丰富,传统书目众多。

◆国家级非物质文化遗产——襄垣秧歌

襄垣秧歌源于明末清初的民间社火活动,是一种充满乡土气息和生活意味的地方戏曲。它是在当地说唱艺术、民间歌舞的基础上,吸收社火挑高、地圪圈及西火秧歌、上党梆子等艺术成分,而逐渐成为行当唱腔齐备的舞台戏曲艺术。襄垣秧歌的唱腔音乐,既有高亢激越的曲调,又有悠扬婉转的旋律。角色上,早期以"三小"即小生、小旦、小丑为主,后在此基础上增加须生、青衣、花脸等。它的表演形式讲究唱功和做功,道白以当地方言为主,化妆、服装等具有简朴化和生活化的特色。秧歌剧目多从家庭生活、社会生活等方面提取素材。

上党门

简介 | JIANJIE

  上党门是全国文物保护单位，位于长治市西大街的府坡街北端，是隋代上党郡署的大门。上党门始建于隋开皇年间。唐玄宗李隆基任潞州别驾时，在衙署内大兴土木，增建飞龙宫、德风亭。最盛时亭堂楼宫有280余间。金元之际毁于兵火。明洪武三年（1370）重建上党门门庭，后又增建钟鼓楼。弘治三年（1490）重修。1932年再次重修。

  现存的上党门和两侧的钟鼓楼则为明代知州马暾所修。明弘治九年（1496），潞州知州马暾在其任职六年之后，在"政治民孚，治有余力"的情况下，对原来的钟鼓楼进行了大规模的整修改建。"朴素浑坚，雄伟固壮"，这就是钟鼓楼，这就是上党门。

上党门坐北向南，建筑布局依次有琉璃影壁、大门，鼓钟二楼居大门左右，二门及二门影壁，中门及东便门、西便门，牌坊、大堂、二堂及东西配房厢房，飞龙宫、德风亭、办公院、西花园、瀛春台等。亭堂楼宫组群结合，高低错落，规模宏大。现仅存大门、钟鼓二楼、府二堂、办公院、西花园等。大门与钟鼓二楼平行排列，台基高峙，主从有别，错落有致。大门面宽三间，进深四椽，明间辟门，俩次间青砖砌筑扇面墙，单檐悬山顶。屋顶灰脊灰兽，简板布瓦装修。钟鼓二楼青砖砌筑城垛、券洞、踏道，上筑阁楼，广深三间，重檐歇山顶。右侧钟楼上一匾书，曰"风驰"，左侧鼓楼上一匾书，曰"云动"，以示高耸入云之意。外侧钟鼓楼相衬，斗拱密致，脊兽富丽，与门庭交相辉映，是地方衙署中一处富有民族风格的门庭式古建筑。游人登楼远眺，长治城廓尽收眼底。

引文 | YINWEN

巡省途次上党旧宫赋并序
唐李隆基

三千初击浪，九万欲搏空。
天地犹惊否，阴阳始遇蒙。
存身斯历试，佐贰仁昭融。
多谢时康理，良惭实赖功。
长怀问鼎气，凤负拔山雄。
不学刘琨舞，先歌汉祖风。
英髦既包括，豪杰自牢笼。
人事一朝异，讴歌四海同。
如何昔朱邸，今此作离宫。
雁沼澄澜翠，猿岩落照红。
小山秋桂馥，长坂旧兰丛。
即是淹留处，乘欢乐未穷。

■■赏析■■

作为长治市的标志性建筑，上党门其实代表了长治城的历史，是长治市的文化历史标志。李隆基在登基之前，曾任潞州（今长治）别驾，任内在衙署内大搞建筑，包括上党门在内的衙署建筑，都有李隆基那时候的痕迹。李隆基这首诗虽然不是直接书写上党门，但却是写包括上党门在内的古潞州。

诗中讲了他潞州发迹，龙登九五，如今重返故地，就像汉高祖回归丰邑一样，情致极高，汉高祖作《大风歌》，他也作诗倾吐自己的情怀。据上党志记载，在潞州北门外大禹庙有通碑就刻着这首诗。

这首有帝王风度的古诗，让我们通过上党看到了封建皇家的兴盛，看到了上党门见证了隋唐帝国的鼎盛。今天的上党门，正在见证新时代新上党的发展，见证长治人的幸福生活。

新开潞安府治之记

夫事，莫成于循平，莫败于幸倖；夫心，

莫宁于亡耀，莫竞于浚取。任独□则激通情，激通情则覆道轨。其亡害乎？比善者救之，害已过半矣。臣乎，可不慎动与？

初，青羊之民，习于盗而恃其险，聚则鸟丛，散则鼠伏，持挺为器，潜剽村虚，出没潞、怀、卫、相之交，将及五纪。非有弓矢戈骑之利，破城残邑，一有司可制之。嘉靖丁亥，贼劫恩村及黎之郊。山西宪臣益大其事，觊成奇绩，反败于贼，杀官叠尸。戊子秋，朝廷遣将，合冀豫之兵征之。河南宪臣潘公埙，取谋用间，始入其阻，已共肆厥伐，旬日底宁，亡亡镞之费。

皇上至明大仁，志存安辑，又命兵科都给事中、今大宗伯夏公言奉诏勘实，止狂刘，革冒赏，降实德。夏公已上议，谓潞本岩郡，古号上党，大都偶邦，劲卒起凶。唐皇尝为别驾，今建州置官，体势尚轻。盗居幽左，靡所密统。任其穴于要害，凡皆未宜。今当升州曰府，□县青羊之陀。玉峡、虹梯并立二关，蟠溪、王斗、白云各设巡检。我固是险，实披其腹心。

又四年，为壬辰，内外谋协，尽行是议。上锡府名曰"潞安"，旧统六县，复增其二：附郭曰"长治"，青羊曰"平顺"。官署备府制，惟减附县之学。癸巳春，中丞陈公达命知府宋圭氏刻石纪由。曰：

兹举也，明主之抑幸功，大宗伯之发石画，濊恩长算，可泯登载乎？夫潞土狭而农勤，厥地高寒，岁止一入。业于机杼之攻，商操赢利，藩姓蕃息，军校错居，各修其所。尚俗故俭，渐流则奢。性本坚，易之则悍。御之得道，可以卫京师、控河朔；御之失道，亦以资霸强、蔽奸宄。开府之计，将以选受循良，慎封美化，一之于中和。夫政御民之繤也，礼运繤之手也。是故上本下末可与守俭，道廉兴让可与言恭。正之学以用其坚，齐于制以定其错。故龚遂教农桑而渤之乱理矣，文翁兴教学而蜀之陋变矣。

朝列大夫、南京国子祭酒、奉旨致仕、相台崔铣撰。

本府同知孟奇、通判袁轩冕、推官孙简同立石。

嘉靖十二年春三月十五日

■■解读■■

陈列于上党门的这块《新开潞安府治之记》碑，记述了由潞州升为潞安府并增设长治、平顺二县的缘由及重要性，记载了当年青羊山起义的规模和被镇压的过程，同时也介绍了上党地区的风俗民情、农事和军事战略地位等，是了解嘉靖年间上党地区政治、经济、文化、民风和军事等概况的重要历史资料。

我们参观上党门，不是单单游览这一历史建筑，而是通过上党门了解上党的历史，了解上党在中国古代不同时代的区域地位和重要性，进而唤醒我们的历史感。这些真实记录历史的文物，就是最好的导游词。

扩展 | KUOZHAN

◆长治堆锦

在长治，有一种更为特殊、更为精致、更具中国特色的"立体国画"——长治堆锦。长治堆锦，又称"堆花"，是长治城区民间画类中独有的一种工艺品。据考证，长治堆锦起源于明代中晚期，长治作为明、清两朝中国四大丝绸中心产地之一，拥有丰富的材料资源和灿烂的"潞绸文化"。

长治堆锦以丝绸织物为主要面料，草板纸、棉花为骨架，从构思创作开始，要经过画稿、包丝绸、定型等多道工序。因棉花厚薄不同、纸捻粗细各异、拨折叠压变化，使画面产生了一定的立体感，于是被称为"立体国画"。尤其在人物作品中，运用多种技法，制作十分精细。

老爷山景区

简介 ｜ JIANJIE

　　作为屯留的标志，老爷山名副其实。老爷山有东峰麟山、西峰灵山、南峰徐陵山，三峰鼎足而立，故有"三峻山"之称。《唐书·地理志》载"屯留有三峻山"。历来是文人墨客的旅游胜地。

　　唐代以来，历朝在老爷山上建造庙宇，并逐渐形成了佛、道、儒"三教"共存的格局。其中东峰麟山为道教所在，有三峻山神庙，祭祀着我国的神话人物后羿与嫦娥；西峰灵山为佛教所在，有金禅寺尊奉着佛祖释迦牟尼；南峰徐陵山为儒教所在，有先师庙供奉着至圣先师孔子。

引文 | YINWEN

三峻烟雨

[清]赵廷煦

罗列诸峰峙远空，霏微烟雨仰三峻。
屋台似耸前朝钺，仙掌疑擎昔日弓。
回首关门隐现里，凝目驿树有无中。
夜深来往神灵迹，脉脉流泉一派通。

■■解读■■

据史料记载，赵廷煦，字涤斋，甘泉人，为清代举人。老爷山是历代文人墨客途经上党地区时最重要的游览地，因此我们可以推测举人赵廷煦也在浏览三峻时或过后写下了这首古诗。在诗中，我们看到三峻山给赵举人留下了深刻印象，尤其是山中"烟雨"、神灵迹、若隐若现的景物等意境，这种人文与自然的融合，让老爷山更为神秘，更引人向往。

古代尚如此，今天处于快节奏生活中的人们，若能在老爷山体会同样的意境，还有什么治愈不了的？

那个叫屯留的地方 在等风也在等你

(节选，《山西经济日报》华风晋韵2019-8-20)

王媛

如果你像我一样对于神话与传说有一种

执念，那么到了屯留，你就一定要去一个叫老爷山的地方，因为脍炙人口的"羿射九乌"和"嫦娥奔月"的神话故事即发端于此。

翌日清晨，沏上一杯色浓醇厚的大叶茶，在绵绵雨丝的陪伴下，我们一行人驶向老爷山。

从屯留县城出发，向西北方向行驶30里就会到达老爷山。雨中山路难行，途中却并不寂寞。车内，屯留区作协主席王寒星讲神话妙趣横生；窗外，青草绿意满坡，格桑花热情而娇美，一只可爱的小野兔在路中间跟大家伙儿打个招呼后一转眼又不见了，一个俏皮的乡间女子怀抱一个小娃娃在前面走，一头牛在后面缓缓跟上，这种安逸与恬淡让人很是向往，也给车内的诸位找到了谈资。

很快我们到了又称之为"三嶕山"的老爷山，"嶕"是古语，古人把数峰并峙的山称为嶕，老爷山东、西、南三峰呈鼎足之势，所以被称为"三嶕山"，又因为当地居民对所有神灵一概称之为"老爷"，故俗称为"老爷山"。老

爷山上的神庙很多，先师庙纪念孔子，金禅寺纪念华严三圣，神庙纪念后羿和嫦娥，佛、道、儒在这座山上和谐共存。

我主要想说的是神庙，这座道观高耸于六百余阶石阶之上，自宋代皇家敕建神庙伊始，这座庙就在后世历朝历代得到过多位帝王敕封的"灵贶""护国灵贶王""显应侯""三嶕山之神"等封号。所以这座神庙不仅供奉的是一尊神，而且随着时间的推移，经过皇家与民间不遗余力地推崇，变得更加神话了。关于后羿射日，西汉思想家刘安所著的《淮南子·本经训》曾明确记载："尧时十日并出，焦稼禾，杀草木……九婴，大风、修蛇皆为民害……尧乃使羿射九乌于三嶕之山，杀九婴于凶水之上，缴大风于青邱之泽……"这里的"三嶕之山"指的就是现在的屯留县老爷山。屯留流传的版本也大致若此。

关于嫦娥奔月，在我以往的印象中，嫦娥是因为偷吃了不老仙丹，受到了天帝的惩罚，所以才会在广寒宫中不老不死，过着百无聊赖的生活。这次我在老爷山上听到了新的版本：后羿与嫦娥夫妻恩爱，因为嫦娥身体不好，后羿向王母娘娘求助，得到仙丹，本来吃半颗就刚刚好，不想嫦娥不明就里，吃了一颗之后直接飞升成仙了，后羿也是万分无奈。好在后羿射日之后，被天帝封为"羿神"，同样位列仙班。从这个版本的神话，就能看出屯留人的善良——希望美好的爱情有始有终，人世间的情侣成就一段神仙佳话吧！

老爷山不仅是一座记载着神话的仙山，同样还是一座英雄之山。

老爷山打援围歼战，是解放战争中上党战役关系极为重大的战斗。这场战役开创了解放战争之初我军以劣势武器装备战胜优势武器装备之敌的先例，在刘伯承、邓小平亲自指挥下，阎锡山军队进犯上党地区的大量有生力量被歼灭于老爷山地区，为整个上党战役的胜利创造了极为有利的条件。它不仅直接给阎锡山军队以沉重打击，保卫了上党地区，而且有力地配合了毛泽东在重庆的谈判，促进了《双十协定》的签订。

如今在老爷山上，我们可以在那座唐代遗存——莲花舍利塔塔身上，清晰地看见见证这段历史的密集弹痕。老爷山秀美风光下蕴含的是铮铮风骨：古有英雄后羿在这座山上射日，以一己之力让天下百姓风调雨顺；近有上党战役遗迹，无声讲述着峥嵘岁月里的英雄故事。

来屯留时还是夏天，走时已然立秋了。

站在老爷山上那棵挺拔的洋槐树下，我能听见迎风的树干在低吟，她说，她和她生长的这块土地都在等风来。我知道，这是我一路奔波后的小确幸。

■■解读■■

旅游，不仅是一种休闲和观赏，还是一种对话，与自然、与历史、与异乡文化的对话。在老爷山，王媛与知识库存中那些听了多次的神话与传说再次相遇，如果说此前是在想象那些传说，那么当她来到屯留，来到老爷山，她就是与神话面对面了，她通过听别人的讲解，通过观看遗迹，让深埋在记忆中的神话传说复活。"老爷山不仅是一座记载着神话的仙山，同样还是一座英雄之山。"作者总结得到位，一座山承载了多种价值，也许在未来的岁月里，它还会承载其他的价值。一座不动的山，也有无限可能，这也许就是它的"灵"之所在。

扩展 ｜ KUOZHAN

◆上党八音会

上党八音会，流行于山西省东南部长治、晋城一带的一种传统民间音乐形式，因演出时主要使用鼓、锣、钹、笙、箫、笛、管等八种乐器，故名八音会，国家级非物质文化遗产之一。

上党八音会形成发展于元明之际，成熟兴盛于明末清初，脱胎于宫廷、庙堂、戏曲音乐和民歌小调，主要在古庙会、节日庆典、婚丧嫁娶等场合演出，演出时吹打并重，文武相接；声情并茂，高亢悲壮；歌戏互补，荡气回肠，具有鲜明的地方性特色和较高的艺术价值，是珍稀而宝贵的文化遗产。

太行山大峡谷八泉峡景区

简介 | JIANJIE

　　八泉峡景区是山西太行山大峡谷内风景最为壮美、内涵最为丰富、气势最为宏大的高品位景区之一。由于太行山大峡谷中的桥后山沟有八股泉水同出一地，自古以来民间就称之为"八道水"，加之峡谷中部又有两处泉群均为八个泉眼，三处泉水数量均为八，所以太行山大峡谷此处的景区被命名为"八泉峡"。

　　太行山大峡谷中的八泉峡南起桥上村古桥，北至石子河畔，东附梯脑山脉，西连石河沐山脊，总面积170平方公里。境内，群峰竞秀，高耸入云；万壑争奇，激流勇进；幽幽峡谷绵延数十公里，潺潺水流遍布整个景区。泉源百余处，飞瀑几十条，泉水叮咚绵远流长，瀑布咆哮一泻千里。临涧可观峡闻涛，朝夕能观日出日落，雾雨可赏雾海灵光。举首仰望，峡顶峰头经风历雨，奇石如笋，洞若门户。蜿蜒长峡，如同一幅泼墨长卷，将峡谷气势、山泉飞瀑、激流浪花、奇峰异石浓缩于此，形成一幅巨大的太行山大峡谷风景画。2020年，被文化和旅游部确定为国家5A级旅游景区。

引文｜YINWEN

八泉峡
（节选，《中国旅游报》2015.09.28第15版）
王飞

离开法庭向峡谷深处走去，路的两边是起伏的群山，平缓的坡面是层层叠叠的灌木丛。西边的山花白白一片，似乎是成群奔跑的白羊要去饮水。临山伸出一立势巨石，隐约间站立的佛陀双手合十，螺髻高挽，面东而立。雨歇了，白云竟伸出长袖绕蔓在石头的腰间，飘飘缈缈的佛陀似乎在天上讲法。

东面是后沟村。村子不大，几十个的农户在山谷里盘着根。有的房前河水流过，有的房屋在台坡上面，门口栽着梨树、山楂，村民的屋后尽是直直的像翅膀一样的大山。

顺着路，走到一座高大的山门跟前。大门上面的字要仰头才能看清。走过一段曲桥，脚下面一池潭水微微起波澜，叫它为"深绿""碧绿"或者别的形容水绿的词语似乎都不太准确。我想了半天，感觉这水应该是人间少见的，它与天空有关系，那种纯粹，那种简单，不能言说。

山门里面有一片空阔的地方。一排两层的房屋红门红窗，从外面打眼一看是窑洞，进到里面却又不是，每个房间能洗澡、洗衣，配着有线电视，是公寓的布置。

屋前面的两棵大松树，有些"岁数"了。人在松下说话，就跟在亭子里面待着一样，举手去摸松针，一根一根地发着油油的亮色，香味在空气里弥漫。

许多个起风的夜晚，白天的声音在这里尽然消隐，一种排山倒海的声音会出现在人的耳畔，以为是大雨的声音，仔细听却不见雨水落地、飘窗的动静，再去听——感觉是大风撼动大树的声音。我认为是松树发出的声响，别的树哪有这样的爆发力呀。一个晚上，这种声音再次出现了，透过窗户看去，却发现深夜里的松树纹丝不动，哨兵一般站在那里，默默守卫着夜的峡谷。

到底是什么声音？天亮后，在楼下遇到了秦忠良。忠良指着不远处一棵高高的大树说，声音就是它"制造"的。那是一棵白杨树。树干高而直，每一片叶子椭圆形，长得有点像人的"手掌"。数以万计的手掌在风中翻转击掌，发出了江海一般的欢唱。

开心的白杨树白天不能尽情释怀，唯等夜深时独自欢喜。不，也许是大树和山及其他的植物们在热烈地交流，沉默许久的山，一开口便是智语连珠，杨树首先响应，使出了全身的力量在赞美，在喝彩。

其实人也是很懂山的。和我说话的秦忠良从出生到现在，在峡谷里生活了快四十年了。这里的每一条山脉、每一条泉流他闭着眼都会寻找到。

峡谷里生长着柴胡、细辛、何首乌、黄芩三百多种草药，秦忠良在山涧峭壁之中腾挪转移，信手拈来，给人煎治。

人也懂山的性格和脾性。秦忠良像对

待父亲一样对待着山，敬着山，看见荒草就要拔，看见脏污就要清洁，他见不得峡谷"邋遢"。

东晋时候武陵郡有个渔人，顺着溪水行船，在桃林的尽头发现一座山，从洞口进去后突然开阔明亮了，便发现了桃花源那个地方。而今，我们从山腰穿过一个幽深的隧洞，坐船进入一片桃形的水面，人置身清凉世界当中，身心劳顿、万般烦恼顷刻会被那片漾漾的绿消化掉。两侧亘古自有铜墙铁壁般的山峦打开了一扇门，让船载着人一直向前方行去。一截水路忽然窄了起来，船慢下来，抬头看去，直

直的崖壁黑森森然，一大片一大片的像是被泼上去的浓墨从山体里渗出泄流而下。

大自然这样的造化，是要表达什么样的心意？

这是峡谷在启示人们，拿起笔，饱蘸墨汁去书写、图画这极致的美呀！

停船上岸，一条谷道映入眼帘。两侧尽是叫不上名的花草树木，个个叶片油亮、枝干抖擞，山体间时不时喷涌出流水，归入山底的河里。河水忽高忽低，时而静默长流，时而呜咽出声，时而又咆哮撞石，让自己粉身碎骨，成为片片鱼鳞。

奇的是，这一路的河水在阳光下，不断现碧绿、深蓝、珠白诸色，光彩变化，如真如幻、如影如梦。正看着，天上几团暗云悄然而至，噼里啪啦铜钱大小的雨点落在山里急忙返回，到谷口时却发现艳阳高照，地面干干的。语云：十里不同天。而大峡谷一里就是一重天。

一千六百多年前，五柳先生笔下的桃花源在哪里？似乎，在这里找到了。

■■解读■■

青年散文家王飞曾两次获得冰心散文奖，还获过孙犁散文奖、柳青文学奖等，他的散文多以乡土、自然风光为题材，已形成自己独特的风格。作为山西太行山大峡谷旅游公司的副总，他对所管辖景点的熟悉程度远远超过一般工作人员。

作为太行山大峡谷的重要景点，八泉峡也是王飞最熟悉的地方。这篇散文不是普通意义上的游记，而是一个景区工作者以主人的身份，用优美的文笔向所有游客作的导游词，他的导游语不是常识性的介绍，而是抒情性的赞美和哲思性的联想。在王飞的笔下，八泉峡是情人，是女儿，是仙境，是梦之乡。

◆壶关秧歌

壶关县享有"戏曲之乡"的美誉，壶关秧歌是我国地方小剧种之一，最初形成于明末清初，是民间社火的一种表演形式， 是我国戏曲舞台一朵绚丽的奇葩，也是山西省地方小剧种中一个小小缩影。

◆上党乐户壶关班社

上党乐户起源于山西上党地区壶关县境内，广泛分布于晋东南地区。上党乐户壶关班社"咽喉祠金鼓响亮，震雪山大显神通"，被誉为地方戏曲和传统音乐的活化石。

◆壶关迓鼓

壶关迓鼓，也叫"大迓鼓"，是融打击、表演为一体，韵律多变、形象逼真，高潮时鼓腾、锣舞，以韵律多变的锣鼓曲牌，奇特多样的表演形式，古朴典雅的服装扮相，场面壮观的离奇阵法，形成了独特的迓鼓艺术特征和民间舞蹈表演风格，深受群众喜爱。

◆壶关评书

壶关评书是壶关曲艺代表之一。评书最初形成于清嘉庆年间，是民间说唱艺术的一种表演方式。壶关评书用最原始的"地圪圈"式的形式，经常在田间、地头、饭场、庭院等地演绎着世态炎凉，诉说着乡土人情，寻找着自己轻松、快乐的情趣。

黄崖洞景区

简介 | JIANJIE

　　黄崖洞景区位于山西省黎城县黄崖洞镇境内，地处太行山脉的中段，海拔在1500—2000米之间，地质构造形成于11.2亿年之前，多为硬红石英砂岩和页岩层。黄崖洞风景区的自然风景雄奇而壮美，山峰、云雾、崖壁、岩洞、瀑布、山泉、密林、珍禽等美不胜收，是"丹霞中太行"景致的代表。

　　黄崖洞景区现为国家4A级森林公园，是山西省爱国主义教育基地。黄崖洞景区的自然景致包括黄崖洞、瓮圪廊、高山公园、桃花寨、黑虎口、水窑山等；红色遗址主要有黄崖洞兵工基地、镇倭塔、血花亭、吊桥天险、黄崖洞保卫战烈士墓地和纪念碑等。

黄崖洞掠影

李束为

不久前,我们山西省文联老区访问团参观了著名的太行山黄崖洞,时在抗战胜利四十周年纪念日、日本帝国主义宣布无条件投降的那个日子——八月十五日即将到来的时刻。

出武乡县委和县人民政府所在地段村,车子东南行,翻山越岭。山是石头山,大块小块的石头,石头缝里长了松树以及各种灌木和野草。路是粗沙石子路,尚称平坦。但那左转右弯、上坡下沟,给人以深刻印象:道路确实是迂回曲折的,就像抗战胜利四十年来我们走过的道路一样。约三个小时爬上百花城那座和黎城交界处的最高的山头,海拔两千多米了。脚下便是抗日战争时期华北最大的敌后兵工厂所在地,震撼中外的黄崖洞保卫战就发生在这里。站在路边野草丛中,俯视群山,但见沟壑纵横,深不可测,奇峰怪石,千姿百态。那些寸草不生的断层石壁的赭黄,映衬在深绿色的灌木林中,是一幅绝妙的天然水彩图画。还有蓝天、红日、几朵白云,鸟儿在天空飞过去了,野鸡在丛林中啼叫。我曾多次地欣赏过这样险峻而又美丽、宏伟而又清幽的图画,面对那些大手笔的佳作,也曾欣喜若狂,但是可望而不可即,如今却身临其境,真正是乐在其中了。这个山头名叫百花垴,是名副其实的,每年进入夏季,有一百多种野花竞相开放。野百合,红红的;马茹茹花,黄黄的;马兰花,蓝蓝的;荆条花,白白的。还有许多许多野花野草、众多的药材,放羊老汉也不可能全部叫出名称。这太行山,这花儿圪垯百花垴,多么赏心悦目的好地方啊!就是在这个风景如画的百花垴的脚下,四十四年前,抗日战争最艰苦的年代,我八路军一部在左权将军和欧致富团长的指挥下,对"扫荡"的日军进行了一场极其英勇残酷的保卫战。它的痕迹至今还是赫然在目,在丛林中、山头上、山坡上,那一座座用石头垒起的碉堡和哨楼,巍然屹立,向中外的拜谒者叙述那英勇悲壮的历史。

我们的心情十分激动。要下山,到那黄崖洞的山沟中,去拜访昔日的抗日战场。

山下便是黎城县境,行车约一个小时到了黄崖洞的山口,这里叫做南口。仰望南口,峭壁千仞,两山对峙,中间有一座圆锥形的山头,高插云霄,好像是这座大门口的照壁,巍巍森严,这便是进山的唯一的大路了。我们下了车以后,看到有许多的汽车,还有许多的游人在树下休息。当我们走进人群时,一个穿干部服的中年人突然来到我的面前。啊,吴昂,当年的《火花》小说作者,如今弃文从政,担任了黎城县委书记。他说,为了纪念抗战胜利四十周年,县委决定在这里修建一座牌坊,现在举行奠基仪式。当年在这里战斗过的邓小平同志为这座牌坊题写了"黄崖洞"三个大字。我们访问团能够参加奠基仪式,深感荣幸。我

凝望着那幅红绸上的"黄崖洞"三字,感慨不已。我们的胜利来得多么艰难啊!不应该忘记过去。那过去的艰难困苦的岁月,将激励我们奋发向前,坚定我们建设祖国的信念。战争,我们已经胜利了;建设,我们一定也要胜利,不管道路怎样的迂回曲折。

"鸣礼炮!"

鞭炮响了,连珠般的鞭炮声响彻天际,又有山谷的回声共鸣,仿佛是四十四年前南口的机枪的怒吼,回到战争年代了。那不是太行山的、吕梁山的、遍布全国的机枪声和炮声吗?我感觉到我的心微微战栗,手也有些发颤,以致剪刀竟不听使唤,两眼也模糊了。

我知道,我听说过,不止一次地听说过。

那是一九四一年十一月八日。那一天,阴云密布,雨雪交加,冷风嗖嗖,寒气逼人,但是,担任保卫黄崖洞兵工厂的欧团战士和一千多名全副武装的军工,却是热血沸腾,做好了战斗的准备,迎接敌人的"扫荡"。欧致富团长不时地和左权将军通电话,报告战斗的准备情况。来了,果然来了。在此之前,日军曾经两次围攻黄崖洞,均告失败。敌人深知这座兵工厂对他们的威胁,不彻底破坏是不甘心的。这座兵工厂是在一九三九年七月间由左权将军亲自选择地形,经朱总司令和彭总司令现场视察决定建在黄崖洞的。地形险要,易守难攻,山沟里又有淙淙清泉,生产、生活都便利。这个厂很快发展到一千多军工,它一年生产的武器,包括步枪、机枪、六口炮、八二炮

以及各种弹药,可装备十六个团。著名的朱德式步枪和马尾弹就是这个厂首创的。这大大地引起了敌人的注意,常派飞机来黄崖洞上空侦察。鉴于两次围攻的失败教训,这第三次调来了日军王牌军——井关三十六师团五千兵马。数次冲锋,均被阻于黄崖山那两山对峙的南口。山头上山坡上我军碉堡的机枪火舌,以及山炮、地雷,迫使敌人寸步难行。敌人无奈,狗急跳墙,居然赶上羊群踏响地雷,终于闯进黄崖的南口。可是,最险要的又一关——一线天又阻止了敌人的进路。这里只不过是一座高山的裂缝而已,抬头看到的是一线天空,一边是深渊流水,一边是人工开凿的栈道和吊桥。且不说栈道难走,只要把吊桥吊起,一夫当关万夫莫开。当时把守吊桥的战士中,有一名司号员,名叫崔振芳,仅他一人就扔出近千枚马尾弹,炸死敌人一百多名,一具具尸体滚进深渊。敌人一次又一次的冲锋均被打垮,败下阵来。

啊,战争,它常常出现意料不到的突然而来的情况。苦战已经进行了七天七夜,只要坚持半天或者一天就要胜利了。但是,在那胜利在望的时刻，由于一个叛徒的出卖，供出了进山的最偏僻的桃花寨小道，战局发生了突然变化。桃花寨虽然也是悬崖峭壁，却可攀登。我军没有放松在桃花寨的防守，敌人一次又一次的冲锋均被打退。后来，敌人用倒下的尸体垒起台阶，冲上了桃花寨，闯进了黄崖洞山谷，一场最残酷的战斗开始了。山头上是机枪山炮的轰鸣，山沟里是手枪刺刀白刃战，从山坡打到山沟，从山沟打到山坡。鲜血染红了那淙淙流水和小溪边的冰碴，保卫战进行了八天，终于把敌人赶出黄崖洞，我们胜利了，但是，我们也付出了重大的牺牲。从此，为了缩小目标，黄崖洞兵工厂分散为若干小厂，兵工生产继续进行，保障了战争的需要。

在此应当一提的是武乡民兵在保卫战中作出了重大贡献。在保卫战开始以后，特别是敌人闯进黄崖洞以后，武乡县民兵参战队从黄崖洞西侧的板山嶅进入黄崖洞山沟。他们冒着炮火，拼着刺刀去抢救八路军伤员。路难走啊！走板山嶅抬担架不可能，那条路只能背上伤员攀登而上。山高路险，寒风凛冽。民兵们克服种种困难把伤员送到武乡县左会村的野战医院。可是，突然而来的伤员太多了，医务人员少，病房少。这时，一个女民兵挺身而出，组织起一个妇女看护队，来到医院看护伤员。那位看护队长名叫吴春花，是一名普通的农村妇女。由于她在保卫战中作出的贡献和拥军模范事迹，被选为晋冀鲁豫边区参议员。如今，她已经七十多岁，挂了拐棍了。我在武乡招待所见到她时，问她身体好吗？她说："不行了，老了，胳膊都疼。"她又说，

政府关心她，每月给她发生活补助费，生活有保证。吴大娘老了，但是谈笑风生，言谈里显露出当看护队长的自豪风貌，是令人可亲可敬的。

中午，在黄崖洞南口的乱石滩上，烈日当头，汗流浃背，可是，一走进南口，走在那悬崖下的石头小道上，走在小溪旁，却是非常凉爽。脚下是石头，身旁是石头，抬头看还是石头，到处是石头，这里是一个石头的世界。我们攀登在石头铺的台阶上，约一个小时，终于到达那个大石洞所在的山头下。这就是闻名于世的黄崖洞，它是由黄崖山而得名的。这个石洞高三十六米、宽二十五米、深二十米，是当年军工厂的仓库，主要是存放弹药，如今空空如也。四十四年前，在洞口展开的那场厮杀，留下的是满沟满坡的石头，供游人凭吊。那一丛丛一堆堆从石头缝里长出的野花，竞相开放，是那样的旺盛，那样的鲜艳夺目，那一定是烈士的鲜血浇灌、忠魂的生命培育的吧！

苍黄的石壁石洞，和嫩绿的野草、鲜艳的野花并存，古老的和新生的并存，年复一年，还要继续存在下去。

在黄崖洞对面山坡上修建的黄崖洞保卫战烈士纪念塔和烈士公墓，刚刚落成，在此光荣牺牲的烈士们将像战争年代守卫兵工厂一样，守卫腾飞中的祖国。他们和黄崖洞那样永垂不朽，和公墓周围的松柏那样万古长青。

归途中，我们又到了那座高山之巅——百花垴。夕阳中，面对那丛林中的赭黄色的碉堡和哨楼，我们齐声高唱：

　　山高林又密，

兵强马又壮……

我们怀着依依不舍的心情离开了黄崖洞。但是它给予我们的印象和启示,将永远鼓舞着我们。

■■解读■■

李束为先生是山药蛋派的重要成员,生前被授予"人民作家"的称号。在这篇黄崖洞采风记中,李先生简略介绍了黄崖洞的风光后,随着思绪的变化,带我们回顾了抗日战争年代的黄崖洞。李先生通过回顾一九四一年

十一月八日那场持续八天的壮烈保卫战,告诉我们黄崖洞在抗日战争时期的重要性和我国军民坚决抗日、不怕牺牲的伟大精神。李先生以写小说出名,即使在这篇短短的散文中,我们也可以看到他用小说的场景描写还原了那场保护战。这篇三千字的文章,既写了黄崖洞的奇险风光,也形象地还原了黄崖洞的历史,成为关于黄崖洞的文学作品中的经典之作,因此也成为游客了解黄崖洞风景与革命历史的最佳读本。

扩展 | KUOZHAN

◆ 工艺传奇——黎侯虎

黎侯虎是发祥于黎城县的汉族传统手工艺品,因黎城古称黎侯国而得名,是黎城县汉族民间手工技艺的一朵奇葩。黎侯虎起源于商周时期以虎为图腾的民俗,后经过3000年历史演变,逐步完善定型于今天集故事、草编、刺绣、剪纸、书画于一身的独特造型。黎侯虎在民间有赐福、镇宅、生财等寓意,被誉为"中国第一虎"。

◆上党落子

黎城是上党落子的发源地。原名"黎城落子",民间也称"黎城闹"或"闹戏",是流行在晋东南地区的戏曲剧种,流行于上党地区的一个地方小剧种。清道光年间,黎城东仵村的李锁柱,在武安落子唱腔的基础上,糅合本地流行的"十样锦"小戏,形成饱含浓郁黎城乡土气息的地方剧种。2008年被列入国家第二批非物质文化遗产。

神龙湾景区

简介 | JIANJIE

　　神龙湾景区地处平顺县东寺头乡晋豫交界处,总面积100平方公里,平均海拔848.4米,最高海拔1700多米,景区内四周绝壁环抱,林木苍翠,飞瀑流云,百鸟鸣幽。刀削斧劈的悬崖,一线通幽的峡谷,千奇百怪的山石,甘甜可口的山泉,碧波荡漾的深潭,山、水、湖、瀑、檐、洞、云、树无不显现出大自然的鬼斧神工。石板街、石头房、石桌、石凳、石磨、石碾,构成了独特的自然人文景观。主要景点有:哈喽梯、挂壁公路、天瀑峡、祥云湖、民俗古村落等。

走过神龙湾栈道

（节选，《都市》2016年第11期）

梁志宏

没有想到，2016年初夏太行山神龙湾之行，在险象环生的悬崖栈道上，我这年届古稀的诗人经历了一场挑战生理极限的生命的角力。

…………

不敢耽搁，继续走吧！

再往下走便是横向与纵向交替衔接的走也走不尽的峭壁栈道，险象环生，触目惊心。

大多数为横向栈道，有的悬挂于峭壁上，以工字钢凿入岩壁，上边铺以密集的木板；有的干脆切入悬崖开出狭窄的小道。这些栈道皆内依陡壁，外侧筑有护栏，可供两人行走，窄处只容一人独行。我打小就有恐高症，始终贴着峭壁或紧抓栏杆往前走，不敢俯视脚下深不可测的沟渊。

…………

真正难走的是纵向的阶梯式栈道，大多倾斜四五十度，有的段落甚至六七十度。一千多年前诗仙李白进川，惊呼"依吁嚱，危呼高哉"，发出过"蜀道之难，难于上青天"的嗟叹！古蜀道和太行神龙湾悬空栈道孰更惊险？今人已无法比较了！想到2014年赴渝参加一个诗歌论坛，我曾经前往列为世界自然遗产的武隆"天坑地缝"游览，天坑就其断

崖四围的纵深与巨阔而冠绝于天下，地缝以其峡谷狭窄处伸手摸得见对面峭壁的树枝而令人叹为观止。据我亲历体验，天坑地缝作为喀斯特自然地貌之雄峻磅礴更胜一筹，但悬壁栈道则没有太行神龙湾的栈道如此陡峭与奇险。

然而身后没有退路，我只能身子后倾着两只手臂拔河似的抓紧护栏，眼睛余光交替扫视着峭壁一侧和脚下的陡阶，双脚交替一级一级地走下长长的陡阶。有两次双脚竟然不听使唤相互磕碰，不由惊出一身冷汗，停下来收回如同飞石之下鸟雀般四散的魂魄，再小心翼翼走下去。待下到平缓处，早已大汗淋漓湿透衣背了。脊背靠着峭壁少坐一会儿，让加速的心跳平缓一些，咬紧牙关继续前行。

我在《生命的角力》一诗中描述了走过天梯般的栈道的情态：

命运将我置于悬崖边上
举目峡缝只见一线天
脚下深渊万丈，视之眩晕
峭壁栈道蜿蜒，陡阶险如天梯。
行程未半，我已心力俱疲了
双腿如灌铅，左脚与右脚打架
我只能调集全部细胞、能量和勇气
与魔鬼，乃至死神杀手角力！

…………

■■解读■■

梁志宏先生曾任太原市文联副主席、作协主席、《城市文学》主编，出版有抒情

诗集太阳系列三部曲、叙事长诗当代系列三部曲、史诗《华夏创世神歌》等20种图书。

在老诗人笔下，神龙湾让他"经历了一场挑战生理极限的生命的角力"。这样的生命体验当然来自神龙湾"峭壁栈道，险象环生，触目惊心"的特征，在此，神龙湾还收获了一首专门献给它的诗歌——《生命的角力》，一位著名诗人用"生命的角力"来形容神龙湾与人的关系。

神龙湾给梁志宏先生的体验是这样的，那么，它给其他人的体验呢？只有当你真正走在了神龙湾的路上，你才会有你自己的体验，也许你会和梁先生一样，感觉在这里是挑战极限，也许你根本不在乎这里的险峻对你身心的挑战，而是专注于它的其他自然特征或美学元素。

扩展 ｜ KUOZHAN

◆独辕四景车

平顺县北社村的国家非物质文化遗产——独辕四景车，成为上党大地一张亮丽的文化名片。

四景车的所谓"四景"，并不是车本身的四种景致，而是车本身结构有四处巧妙的设计。第一，偌大的一辆彩车，只置一根独辕，却用两头牛驾驭；第二，用三根约90厘米长，直径6厘米粗，新砍下的湿榆木棒做成的木犋，用连环套的方法套上去，既可随意活动，又不会脱辕；第三，10多米高的彩车，仅绕中心木架的四只架脚直立在底平板上，不开榫卯，只用8根麻绳紧扎牢固；第四，彩车第二、三节是中心主架，头对头相接，四面用4根麻绳紧固在一起。整个四景车，不用一个榫眼、一颗钉子，全是麻绳紧扎。大赛会一开赛，由四头壮牛牵引，百位群众一起出力跑起来，远看就像移动的宫殿一样。

03 晋城

长平之战纪念馆、长平之战遗址

珏山景区　皇城相府

蟒河景区　砥洎城

尉迟村赵树理故居

柳氏民居　王莽岭景区

长平之战纪念馆、长平之战遗址

简介 | JIANJIE

　　长平之战纪念馆位于高平市永禄乡，纪念馆以尸骨坑、出土文物、历史图片为主，辅以场景、油画、雕塑、幻影成像、影视片等展示手段，全方位多角度展示和介绍了长平之战整个战争的始末。展馆共分四大部分，分别是战国烽烟、长平之战、长平遗址以及历史遗珍。

　　长平之战遗址，现为山西省重点文物保护单位。遗址范围广阔，西起骷髅山、马鞍壑，东到鸿家沟、邢村，宽约10公里；北起丹朱岭，南到米山镇，长约30公里，东西两山之间，丹河两岸的河谷地带均属于重点保护区。

《史记·白起王翦列传》节选

白起者，郿人也。善用兵，事秦昭王。昭王十三年，而白起为左庶长，将而击韩之新城。是岁，穰侯相秦，举任鄙以为汉中守。其明年，白起为左更，攻韩、魏于伊阙，斩首二十四万，又虏其将公孙喜，拔五城。起迁为国尉。涉河取韩安邑以东，到乾河。明年，白起为大良造。攻魏，拔之，取城小大六十一。明年，起与客卿错攻垣城，拔之。后五年，白起攻赵，拔光狼城。后七年，白起攻楚，拔鄢、邓五城。其明年，攻楚，拔郢，烧夷陵，遂东至竟陵。楚王亡去郢，东走徙陈。秦以郢为南郡。白起迁为武安君。武安君因取楚，定巫、黔中郡。昭王三十四年，白起攻魏，拔华阳，走芒卯，而虏三晋将，斩首十三万。与赵将贾偃战，沉其卒二万人于河中。昭王四十三年，白起攻韩陉城，拔五城，斩首五万。四十四年，白起攻南阳太行道，绝之。四十五年，伐韩之野王。野王降秦，上党道绝。其守冯亭与民谋曰："郑道已绝，韩必不可得为民。秦兵日进，韩不能应，不如以上党归赵。赵若受我，秦怒，必攻赵。赵被兵，必亲韩。韩赵为一，则可以当秦。"因使人报赵。赵孝成王与平阳君、平原君计之。平阳君曰："不如勿受。受之，祸大于所得。"平原君曰："无故得一郡，受之便。"赵受之，因封冯亭为华阳君。

四十六年，秦攻韩缑氏、蔺，拔之。

四十七年，秦使左庶长王龁攻韩，取上党。上党民走赵。赵军长平，以按据上党民。四月，龁因攻赵。赵使廉颇将。赵军士卒犯秦斥兵，秦斥兵斩赵裨将茄。六月，陷赵军，取二障四尉。七月，赵军筑垒壁而守之。秦又攻其垒，取二尉，败其阵，夺西垒壁。廉颇坚壁以待秦，秦数挑战，赵兵不出。赵王数以为让。而秦相应侯又使人行千金于赵为反间，曰："秦之所恶，独畏马服子赵括将耳，廉颇易与，且降矣。"赵王既怒廉颇军多失亡，军数败，又反坚壁不敢战，而又闻秦反间之言，因使赵括代廉颇将以击秦。秦闻马服子将，乃阴使武安君白起为上将军，而王龁为尉裨将，令军中有敢泄武安君将者斩。赵括至，则出兵击秦军。秦军详败而走，张二奇兵以劫之。赵军逐胜，追造秦壁。壁坚拒不得入，而秦奇兵二万五千人绝赵军后，又一军五千骑绝赵壁间，赵军分而为二，粮道绝。而秦出轻兵击之。赵战不利，因筑壁坚守，以待救至。秦王闻赵食道绝，王自之河内，赐民爵各一级，发年十五以上悉诣长平，遮绝赵救及粮食。

至九月，赵卒不得食四十六日，皆内阴相杀食。来攻秦垒，欲出。为四队，四五复之，不能出。其将军赵括出锐卒自搏战，秦军射杀赵括。括军败，卒四十万人降武安君。武安君计曰："前秦已拔上党，上党民不乐为秦而归赵，赵卒反覆。非尽杀之，恐为乱。"乃挟诈而尽坑杀之，遗其小者二百四十人归赵。

前后斩首虏四十五万人。赵人大震。

■■解读■■

　　《史记·白起王翦列传》可以说是站在军事角度介绍长平之战最详细的史料了。司马迁从秦国攻打韩国野王、冯亭归赵说起，详细讲述了廉颇坚壁固守、范雎派人行反间计、赵军易将的史实。对于赵括如何贸然出击、秦军如何诱敌深入、白起如何派遣奇兵堵绝后路，中间切割、断绝粮道等细节，更有详细介绍，是研究长平之战排兵布阵、调兵遣将、战术运用的第一手资料。《史记·白起王翦列传》中提到"乃挟诈而尽坑杀之"。白起在杜邮自尽的时候留下的最后一句话是："长平之战，赵卒降者数十万人，我诈而尽坑之，是足以死。"所以，可以确定的是秦军设计欺骗了赵国士兵，把他们全部杀害以后，再用土掩埋起来。

　　两千年来风吹黄沙，雨打山崖，泥流涌动，沧海桑田，一些地方早已不再是曾经模样。李姓老人在平整田地时，一锄头刨下去，刨出了一场惨绝人寰的杀戮，刨出了一个尘封两千年的真相，从而印证了《史记》所载。

资治通鉴·周纪·长平之战

　　周郝王下五十五年。

　　秦左庶长王齕攻上党，拔之。上党民走赵。赵廉颇军于长平，以按据上党民。王齕因伐赵……

　　秦数败赵兵，廉颇坚壁不出。赵王以颇失亡多而更怯不战，怒，数让之。应侯又使人行千金于赵为反间，曰："秦之所畏，独畏马服君之子赵括为将耳！廉颇易与，且降矣！"赵王遂以赵括代颇将。蔺相如曰："王以名使括，若胶柱鼓瑟耳。括徒能读其父书传，不知合变也。"王不听。

　　初，赵括自少时学兵法，以天下莫能当；尝与其父奢言兵事，奢不能难，然不谓善。括母问其故，奢曰："兵，死地也，而括易言之。使赵不将括则已；若必将之，破赵军者必括也。"及括将行，其母上书，言括不可使。王曰："何以？"对曰："始妾事其父，时为将，身所奉饭而进食者以十数，所友者以百数，王及宗室所赏赐者，尽以与军吏士大夫；受命之日，不问家事。今括一旦为将，东乡而朝，军吏无敢仰视之者;王所赐金帛,归藏于家,而日视便利田宅可买者买之。王以为如其父,父子异心,愿王勿遣!"王曰:"母置之,吾已决矣!"母因曰:"即如有不称,妾请无随坐。"赵王许之。

秦王闻括已为赵将,乃阴使武安君为上将军而王龁为裨将,令军中:"有敢泄武安君将者斩!"赵括至军,悉更约束,易置军吏,出兵击秦师。武安君佯败而走,张二奇兵以劫之。赵括乘胜追造秦壁,壁坚拒不得入;奇兵二万五千人绝赵军之后,又五千骑绝赵壁间。赵军分而为二,粮道绝。武安君出轻兵击之,赵战不利,因筑壁坚守以待救至。

秦王闻赵食道绝,自如河内发民年十五以上悉诣长平,遮绝赵救兵及粮食。齐人、楚人救赵。赵人乏食,请粟于齐,齐王弗许。周子曰:"夫赵之于齐、楚,扞蔽也,犹齿之有唇也,唇亡则齿寒;今日亡赵,明日患及齐、楚矣。救赵之务,宜若奉漏瓮沃焦釜然。且救赵,高义也;却秦师,显名也;义救亡国,威却强秦。不务为此而爱粟,为国计者过矣!"

齐王弗听。

九月,赵军食绝四十六日,皆内阴相杀食。急来攻垒,欲出为四队,四五复之,不能出。赵括自出锐卒搏战,秦人射杀之。赵师大败,卒四十万人皆降。

武安君曰:"秦已拔上党,上党民不乐为秦而归赵。赵卒反覆,非尽杀之,恐为乱。"乃挟诈而尽坑杀之,遗其小者二百四十人归赵,前后斩首虏四十五万人。赵人大震。

■■ 解读 ■■

如果说《史记·白起王翦列传》是以白起的生平为线索、站在军事角度对长平之战的介绍,那么本文就是一篇对长平之战的完整叙事。今天我们参观长平之战纪念馆和遗址,是要带着历史感,带着准确的历史知识,这样才能有深刻的历史感受,《资治通鉴》对长平之战的叙述,无疑是最佳的读物。现场的白骨、兵器和泥土等战争遗物,与《资治通鉴》的故事一相遇,相信你会更深地理解战争的残酷,理解和平的可贵。

◆ 现代上党梆子剧目《纸上谈兵》

高平市上党梆子剧目《纸上谈兵》以"长平之战"为背景，通过上党梆子的艺术形式，揭示赵括"纸上谈兵"以致误国误民的深刻教训，倡导"空谈误国，实干兴邦"的时代精神。《纸上谈兵》是对"长平之战发生地"和"上党梆子之乡"这两大文化名片进行创新交融的一次探索。

作为上党梆子之乡，高平的戏曲文化源远流长。高平村村有戏台、人人会梆子。二郎庙的金代戏台是我国现存最古老的戏台。从1991年至今，5名上党梆子演员先后摘得中国戏剧"梅花奖"。上党梆子音调高亢明朗，粗犷朴实，音乐曲调丰富，音响强劲，直观地反映出人们的情感，彰显了崇尚英雄豪杰、高扬民族正气的审美情趣。《西沟女儿》《深山腊梅》《太行娘亲》等现代经典剧目更是让人沉醉。

◆ 高平刺绣

高平在历史上种植桑麻很普遍，高平妇女大多能纺善绣。高平刺绣多以花卉、瓜果、虫鱼、蝴蝶、吉祥鸟和瑞兽等自然形象为题材，如双龙戏珠、凤穿牡丹、贵子折莲、鱼戏莲、猴捧桃、麒麟送子、蝴蝶扑瓜、喜鹊闹梅、鹿衔梅枝、狮子滚绣球、鱼莲娃娃等。另外，还将一些传统的戏曲如《三娘教子》《白蛇传》《杨家将》等的剧情场景作为表现内容。

高平刺绣在色彩运用上的最大特点是色彩鲜艳，对比强烈，一般采用黑、蓝、红、鱼肚白为衬底，上面用艳丽明快的颜色绣出图案，明朗而不耀眼，强烈而不刺目，在长期的实践中总结出一套对比统一的配色规律。在表现手法上，为了增强装饰效果，常常将所表现的内容大胆地加以夸张变形，不求形似，只重神采，构图饱满。

珏山景区

简介 | JIANJIE

　　珏山景区又名角山景区，位于晋城市区东南13公里处的丹河南岸。主峰海拔973米，珏山风景素以险峻、雄奇驰名，古有"晋魏河山第一奇"之美称，"珏山吐月"为晋城四大名胜之一。

　　佛道名山，传齐隋泰斗慧远大和尚在此始建青莲寺，密、禅、净土，各宗皆精，名僧辈出，时称佛都。现存宋建唐塑，列为国宝；道观飞峙峰头，林木葱葱，山岚缭绕，寻天门而上，恍若仙游，素有北国武当之誉。2009年10月，珏山景区入选中国百佳避暑名山。

　　珏山之所以被称为中国赏月名山，主要是由于其特殊的地貌，古代泽州"珏山吐月"是此地四大名景之一，也被称为"双峰托月"，意思是两座形似乳房的山峰中间有明月高悬。山脚下有座唐代古刹名为青莲寺，这里不仅有宋代泥塑造像，有"人字柏"，还有一处地方叫"款月台"，也就是欣赏双峰托月的地方。

千里婵娟（节选）

张玉

泽州三面环山，山起伏不大，东北角有个勺口，犹如北斗。斗柄旋转处是纵横驰骋的山河、高低错落的城市。在晋焦高速公路上，沿路都是波斯菊，它们像夏日的火焰腾起五彩的热浪，燕子贴地飞行，从单行线一侧掠到另一侧，惊险地避开载重大卡的死亡之轮。

两个小时了，下了高速，杨树和柳树渐渐增多，苜蓿草高过人头，铁灰或暗红的岩层上突然绽出妖艳的山丹丹，成群的蝴蝶和蜜蜂招摇飞过。斜行的太行山一路南去，丹水曲折夹于其间。半山腰围着一带村庄，这就是珏山。

珏山人称"小武当""小华山"，顾名思义，必是有点险要的意思。我看到的风物也确是这样。隔了悬崖下奔走的丹河，珏山挺秀而峭拔，灰色的群峰默然林立，车上一首不知名的古乐响起，在这飞驰而过的山谷和溪流中有厚重岑寂的沧桑之感。我此来是为了看月亮，也顺路参拜真武，因我有心结需要纾解，于是寄愁心于明月，行千里来登临。

沿石阶逶迤而上，过了一天门，二天门，山势越来越陡，有个亭子叫月老亭，我要求在此歇息。仲夏的山色浓翠欲流，亭边有两块巨石，夹着一块心形石头，它叫"同心石"，石旁是一具大锁，锁和石之间有红绳联结，绳上又缚着许多红丝带，我想把我的发结系上去，那发结是红色的，上面有个水晶桃子，心形，很漂亮，我把它取下来，头发散在风里，但最终还是没有系。我站在这里向山下眺望，石阶下的游人缩小成一个个黑点，如棋子一样移动，我的生命和信仰，也像他们一样举棋不定，难以取舍。

这是一座包容的山，寺庙道观星罗棋布，有文笔峰塔和孔子回车处，有真武殿和关帝庙，还有青莲寺和白马禅寺；南顶的慈云阁将这些错综复杂的人文地理坐标来了个大一统，此殿中竟然同时供奉释迦牟尼、孔子和老子，称为三圣像，这样三教合一的庙堂我见所未见。

据说早在汉、魏时期，珏山就被开辟为道场，与青城、武当、天坛并称为天下四大道教名山；至南北朝，有僧人和儒家弟子来到这里，在珏山对面的硖石山腰塔庐传经布道，珏山道人不仅不加阻拦，而且还竭诚帮助他们兴建寺院和庙宇。久而久之，三教混同，教义归一，便形成了"珏山道、青莲佛、太行月映儒家风"的奇观。我是乐于看到这种文化碰撞交融的，因此我觉得我真心喜爱珏山。在我看来，儒家是脊椎，是我们民族的精神支柱；佛家是脏腑，存纳精血、轮回五谷；道家是性灵，可以提升人的风度和气质。儒释道在此地和谐地融为一体，珏山因此长存，再加以奇峰、秀水、明月，它在当地人心目中不啻阿拉伯人之麦加城。

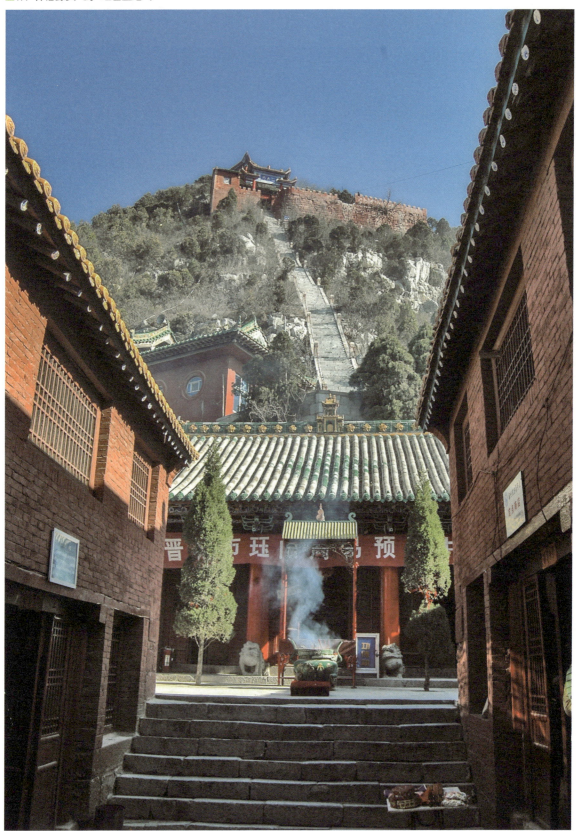

这已是珏山的绝顶，风冷下来，四处激荡，我在其间危坐，看到有褐色乱针挂满了我的鞋子，我想起李冶的诗："心绪乱纵横。"

明嘉靖三十五年(1556)《天门记》碑文曰："每年八月望，月自中出，谓之珏山吐月，亦游观之胜景也。"说的是珏山的月亮，观月的最佳时机，是每年中秋，据说那一天，会有最圆满、最光明、最硕大的月亮出现在珏山中，看到的人能得到他向往的幸福。而今天是五月十六，十五的月亮十六圆，今天也算一个望日么? 也算一个观月的良宵吗? 我们在山顶吃了饭，往观月的地点而去。

我等了很久，我身边茂密的灌木在和我说话，它们黑色的轮廓沉静柔和，我听着，不知何时，月亮出来了。它走得很慢，像我白天的登山一样，步子沉滞，也许天上的阶梯太陡峭，也许是它太胖了，它那么肥硕，摇着雪白滚圆的身子，一步一步爬上来。月光像海水，一波一波涌起，我看到的月光似乎有形有质，有色有香——有那么一瞬间，我觉得似乎闻到了月光的气味，一种辽远的、清而涩的植物和石块的气味。这是一种悲剧的味道。我一直以为月光之下游荡着很多悲伤的幽灵，感世伤逝的、寂寞独酌的、诀别的、相思的、孤独的……我看到月中有黑色的桂子，那也许是一千只伤心的眼睛，但是它们的泪水没法流出来。

解读

山西80后女作家张玉，为中国作协会员，山西文学院第四届签约作家，其文化散文尤其受读者喜爱。著有个人文集《北寨以北》。

珏山，是一座什么样的山，也许在你未去之前，你对它的印象停留在广告语为你营造的意境中，而当你真正坐在山上，你可能才会有自己的印象。在女作家张玉的眼中，这是一座包容的山，这种包容表面体现在"寺庙道观星罗棋布"，三教合一，这是你看到的; 而看不到的包容，即是它纾解了张玉的心结，让张玉"寄愁心于明月，行千里来登临"。

那么，你是否准备"行千里来登临"呢? 珏山等着你，它打算包容你的一切。

扩展 | KUOZHAN

◆国家级非物质文化遗产——泽州四弦书

泽州四弦书以四弦（四胡）为主要伴奏乐器而得名。泽州四弦书的表演形式为说唱相间，以唱为主，采用泽州方言。早期只有一人用四弦和腿板自行伴奏表演，后来出现多人伴奏。唱腔曲调属板腔体，主要板式有平板、紧板、介板、三倒板、官韵等。伴奏乐器有主奏乐器四弦和三弦、胡胡、二把，以及腿板（大、中、小）、钹各一个。伴奏方式为间奏式，即演唱时不伴奏。唱词格式基本为七字上下句体，下句押韵。泽州四弦书节目以"贯"为单位，"一贯"指节目故事的一个段落，通常约演一小时。一个长篇节目由若干"贯"组成，称为"大贯"。泽州四弦书的代表性传统节目有《回文屏》《烈女传》《红罗山》等。另有中篇节目《百鸟朝凤》《杨八姐游春》《二老比子》等，短篇节目《小寡妇上坟》《光棍哭妻》《小两口吃粽》等。

皇城相府

　　皇城相府，是清朝文渊阁大学士兼吏部尚书加三级、《康熙字典》总阅官、康熙皇帝35年经筵讲师陈廷敬的故居，位于山西省晋城市阳城县北留镇。皇城相府（又称午亭山村）总面积3.6万平方米，建筑群分内城、外城两部分，有院落16座，房屋640间。内城始建于明崇祯六年（1633），有大型院落八座，为明代建筑风格。尤其是七层百尺河山楼及附属建筑107间藏兵洞，是明代建筑中的珍品。外城完工于康熙四十二年（1703），建有前堂后寝、左右内府、书院、花园、闺楼、管家院、望河亭等，布局讲究、雕刻精美。康熙御赐的"午亭山村"匾额及对联"春归乔木浓荫茂，秋到黄花晚节香"至今保存完好。

整个皇城相府的建筑特征是：依山就势、随形生变、层楼叠院、错落有致、古朴庄严、浑厚坚固。在河山楼内还有井、碾、磨，并有暗道直通城外，聚甲藏弩、护城保庄、抵御外侵。御书楼金碧辉煌，中道庄巍峨壮观，斗筑居府院连绵，河山楼雄伟险峻，藏兵洞层叠奇妙，是一处罕见的明清两代城堡式官宦住宅建筑群，被专家誉为"中国北方第一文化巨族之宅"。

2018年12月，入选2018《魅力中国城》文化旅游魅力榜年度魅力文化景区，现为国家5A级景区。

引文 | YINWEN

陈氏家训

让：争乃祸之端，让为福之源。
　　谦逊非怯弱，德行使亦然。

专：学问尚精专，研磨贵纯一。
　　心无旁骛时，自然通神机。

智：是非凭勘度，智从学中得。
　　名利时相累，心镜须常磨。

俭：淫逸如临渊，纵欲似累卵。
　　秉德贵俭省，节制甚防川。

勤：道业冀诵读，衣食赖耕耘。
　　白头恨日少，磨砺趁年轻。

信：君子须重诺，言出行必果。
　　妄诞非所宜，缺失难料测。

谨：人生天地间，思微肇巨端。
　　差池时修正，行止若临渊。

孝：鸦有反哺意，羊怀跪养恩。
　　百善孝为先，树大不忘根。

礼：否泰岂天运，习礼可立身。
　　高下从一贯，颜恭辞愈逊。

恒：精卫谋填海，愚公志移山。

积微成巨变，有恒事无难。

良：良木凤凰栖，嘉禾百姓尝。
　　良善若时雨，德共日月长。

温：崇道当务本，修德宜修身。
　　温和戒乖戾，一言胜三春。

勇：正道忽阻穷，邦运时颠倾。
　　浩气拯危急，礼义节束成。

谦：水满器则倾，性骄事无成。
　　古来有遗训，谦谦君子风。

宽：闻道有先后，良莠亦参差。
　　虚怀容万物，不欲勿相施。

仁：刚毅木讷质，克己博推恩。
　　恭宽信敏惠，由我而及人。

■■解读■■

皇城村的《陈家家训》是由陈氏三世祖陈秀于明弘治年间所立。当时在外做官的陈秀为教育子弟，写了这些诗词，寄给家中的儿子。这些诗词经过整理，遂成为皇城陈氏家族的家训，延续至今，可谓我国家训文化的一个典型案例。康熙曾写过一首诗表彰陈廷敬，即"横经召视草，记事翼鸿毛。

礼义传家训，清新授紫毫。房姚比就韵，李杜并诗豪。何似升平相，开怀宫锦袍"，其中"礼义传家训"一句，就是指陈氏家族把礼义作为家训。

今天，我们参观皇城相府，在观赏建筑之余，更多的关注应该投向陈廷敬的清廉文化和陈氏家族几百年形成的优良家风和家族文化，这是一个传统家训、家风和家族文化影响子孙成才的典型案例，也是可以被外人借鉴、学习的素材。

王跃文"对话"陈廷敬：
跨越三百余年（节选）

王跃文再次造访陈廷敬，一杯清茶，对话古今，谈家谈国，谈规与律，谈德与礼，谈为人、谈为官……

王跃文：先生出身于士大夫家庭，从小就受到父母悉心教育。到了晚年，您还曾写过一句诗"不负当年过庭语，先公曾许是清官"，以此来表达自己没有辜负父母的期望。回顾一生,您感觉家庭对您最大的影响是什么?

陈廷敬:家严可以说是我的第一位启蒙老师,老人家教我的不仅仅是识文断字,更重要的是做人做事的道理。"四书""五经"都是理治之书,也是修身养德之书。家慈善良贤德,常以忠厚正直教育子女。记得康熙四年(1665),我回籍省亲完毕,返京之日母亲耳提面命,谆谆告诫我:"汝往哉!吾为汝娶妇嫁女,治装具给资斧焉,慎毋爱官家一钱。"老母说替我娶儿媳嫁女儿,我的一应盘缠及置办官服的钱都从家里拿,不许我贪官家一分钱。我终生为官都谨遵母训不贪不占。回顾平生做人为官,家严家慈对我影响最大的是两条:一是忠诚,二是清廉。

王跃文:先生自律甚严,治家亦严。您总是嘱咐家里人,凡行为不端、送礼请托者,一律不准进家门;您还曾写家书奉劝弟弟,不要跑官污了清名。在立规治家方面,可否请您分享一下心得和体会?

陈廷敬:我们陈家从老祖宗那里继承的规矩就是要家风清白。家风讲究一代一代传承,一代一代发扬光大。我在京为官50多年,历任吏户刑工四部尚书,后来又忝列文渊阁大学士之职。位高权重了,家人会看我怎么做人行事,同僚及百姓也会看我怎么做人行事。每个家庭都有个主心骨,树家风就靠这个主心骨。父亲越来越年迈,我官位越来越高,慢慢就成了陈家的主心骨,树家风的担子自然落在我的肩上。

我依祖制立下严格的家规,自己身体力行树立榜样。弟弟陈廷弼放临湘知县时,我写诗劝诫说:宦途怜小弟,慎莫爱轻肥。自古

官场都是个大染缸,我劝弟弟千万别沾上贪爱轻裘肥马的奢靡生活习气。弟弟在临湘任上官声不错,可惜他后来在广东粮道任上以贪墨之罪被参,我非常痛心。我立规矩要求家人俭朴度日,自己必须首先这么做。我在京城过的日子很清苦,菜根度日皆为常事。家人因长年吃素脸成菜色,多少有些抱怨,我就得同他们讲清道理。我还为自己家嚼菜根写过诗:残杯冷炙易酸辛,多少京华旅食人;索莫一冬差有味,菜根占得菜花春。治家立规,一是要严格,二是要力行。

王跃文:您说过"耐得清贫始为官"。有一句话叫"当官发财两条道",您怎么看?在您所处的时代,做个清官其实是很难的。在几十年的宦海生涯中,您却能一直保持清廉,其中的奥秘是什么?

陈廷敬:正如您所说,做清官确实很难。官场腐败,我忧心忡忡,建议从刹住奢靡之风入手,提倡节俭,以挽颓风。我的建言被采纳,可惜执行不太得力。说到自己能保持廉洁,也没有太多奥秘可言。我是个读书人,始终不忘读书人的本性。自古为学,读书即是修身。修身之要,首在养德。《易》云:厚德载物。这是千古良训。《国语》云:"唯厚德者能受多福,无福而服者众,必自伤也。"为学必致于用,不能心口相悖。我在官场临深履薄50多年,日子虽然过得清贫苦寒,却能善始善终挂冠还乡,这是最大的福报。德福实为一体,修身立德不可须臾懈怠。

王跃文:您有一个别号,叫"半饱居士"。这从一个侧面表明您知足知止、从不贪得的谨慎之心。如何平衡积极有为和知足知

止的关系,可否分享一下您的心声和感悟?

陈廷敬:"半饱居士"这个别号,实则是我对自己的告诫。我时刻提醒自己,不但口福当止于半饱,大凡名利欲念都应止于半饱。勇者善进,智者知退。天下谋进者多,愿退者少。须知福祚无边,人有竟年。全福之人少有,好处不可占尽。害莫大于无餍,利莫大于止足。唯有止足,进亦不险,退亦无忧。我是在最风光时告老还乡的,无贪位恋栈之念。我归田之后,虽又应诏入阁视事襄理朝政,但只埋头编辑《康熙字典》。

王跃文:您刚刚到吏部上任时,就立下规矩:"自廷敬始,在部绝请托,禁馈遗。"您当时是怎么想的?对于"立规矩"的意义,您是怎么看的?

陈廷敬:我任吏部尚书之前,往堂官那里送银子是常有的事。我上任之日,就在吏部立下规矩,从此以后来部办事不准送钱,也不准受人之托而徇私情。我有个门生在地方做布政使,他想谋个巡抚的职位,一日天黑趁人不备跑到我家里送银子。依官场多年陋规,门生送点礼给老师似乎很自然,但我不循陋规坚辞不受,还把这位门生好好教训了一顿。这位门生不听劝,后来到底出事了,实在遗憾!我主吏部时,事情都敞开来办,举贤荐能唯公唯实。官场陋规是三尺之冰,非一朝一夕之事。倘若大家都因循成例,则诸事不可为,只能尸位素餐做个庸官。立规矩,要敢于开生面。

王跃文:您的一生,是积极作为的一生,也是修身养性的一生。《国语》有言:"从善如登,从恶如崩。"可否请您谈谈对这八个字的看法?

陈廷敬:《中庸》有云:"君子之道,辟如行远,必自迩;辟如登高,必自卑。"意思是说君子修身立德,好比长途跋涉,必须由近及远;又好比登临高山,必须自下而上。可见,先哲古贤都明白积善成德非常不易。但是,从恶则是非常容易的。恶或者坏,契合着人之本性中最脆弱处,人稍不警醒就从这最脆弱处崩塌了。故而,从善、修身、养德,实在是很难的。但读书人当践君子之道,苦行而乐为。

王跃文:时人曾送给您八个字的评价:"卿为耆旧,可称全人。"您如何修炼到如此之高的境界?

陈廷敬:如此嘉许我的为人,说实话我是十分欣慰的。但是,人非圣贤,孰能无过?我肯定有很多毛病。人有毛病有缺点并不足畏,顶要紧的是人须时常自我检点、自我反省。正如曾子所说,每日都要三省吾身。从善向德之行永无竟期,当时刻念着师法先贤、师法大道。虽不可人人成圣贤,但须终生持思慕圣贤之心念。

王跃文:依规和立德统一,自律与他律结合,这是根植于中国传统的深得人心的治理智慧。您熟谙历史、洞悉政事,对此一定有很深的感触。

陈廷敬:我曾受命督理钱法,去宝泉局的第一天,我就指天为誓:"此天下钱之所由出也,吾自矢不受一钱,愿诸公同之。"我话音刚落,就有宝泉局官员奉上一枚秦半两,说:"依宝泉局风俗,拿一枚旧钱系在腰间可以避邪。"区区一枚旧钱,实为铸钱铜料而已,其价甚微;又听说是宝泉局风俗,加上

我新来乍到碍于面子,就收下系在腰间。过不多久,宝泉局小吏送一袋样钱到衙署让我检视,依过去成例我可以把样钱留下来自己用。但是,我认为这是宝泉局向官员行贿的戏法,便立下新规矩,不准官员私留样钱。宝泉局小吏拿走样钱后,我看见桌上落下一枚铜钱。一枚铜钱实在不算什么,我一时也不在意。后来,我再去宝泉局的时候,忽然想起自己第一次到这里的时候就立下不受一钱的誓言,如今不小心就受了二钱。我马上派人回衙署取回桌上的铜钱,又把腰间秦半两取下,一并交还宝泉局。

为官者既然立规,自己就先要执行,是为自律;同时,又要接受别人的监督,是为他律。说到根子上,即从细小处做起,是为积小善而立大德。

王跃文: 先生为官一生,身居高位,却务实低调。这让我想到了司马迁在《史记》中推崇的那种"循吏",脚踏实地做事,不图虚名。可否请您面向后世的从政者,分享一下自己的为官之道?

陈廷敬: 为官者都是读书人,读过很多理治之书,治国爱民的大道理懂得很多,嘴上说的笔下写的都冠冕堂皇,稍不留神就会成为空谈之辈。加上,读书人若不用心则不通实务,官被吏欺的事自古常有。我从小就被父亲教导不可读死书,必须学会干实事。我督理钱法,则细心考究银价跟铜价的关系,提出改铸轻钱以杜绝奸商毁钱鬻铜之后路。我奉命查看灾情,则细探层层报灾及朝廷赈灾环节之弊端,提出赈灾"活民"在先,勘查灾情随后的办法,既为受灾百姓办了实事,又让某些官员发救灾财少了机会。为官者要紧的不是说话舌灿莲花,不是作文满纸烟霞,而是做事件件踏实。

王跃文：请您为后世的为官者题写一段寄语。

陈廷敬：清正廉洁，笃实能干。为官者必以此自律自勉。

■■解读■■

作家王跃文以写反腐题材小说知名，清廉文化是他一直关注的主题，因此陈廷敬这位著名的清廉官员就走进了王跃文的视野，他多年来也一直与陈廷敬"对话"。2007年，他出版的长篇小说《大清相国》，塑造了以一代名相陈廷敬为主要代表的大臣群相，再现了三百多年前清朝的官场风云。十年后，他再次造访皇城相府，与陈廷敬近距离"交谈"，谈家谈国，谈规与律，谈德与礼，谈为人、谈为官……

其实，我们每个人去皇城相府，都是去拜访陈廷敬，都是去寻找陈廷敬的影子。王跃文先生以廉洁文化为主题与陈廷敬的古今对话，为我们打开了一扇走进皇城相府，走进陈廷敬的窗户。

扩展 ｜ KUOZHAN

◆阳城焙面娃娃

阳城传统面塑分布很广，根据制作方法不同，可分为生面塑、炸面塑、蒸面塑和焙面塑，焙面塑是阳城面塑中的佼佼者。阳城焙面娃娃是娘家给女儿"送十五"的传统活动中确定的民俗礼仪。

焙面娃娃是用特制的沙土套锅烤制而成的。主料为上好的麦面，辅料是杏仁水、糖稀搭色水、黑豆、花椒籽等。经焙烤出的食品，其特点是形状美、闻着香、吃着脆，是阳城最有特色的面食品。焙面娃娃表现内容丰富，有传说故事、戏剧人物、飞禽走兽、花蝶鱼虫。

赛龙舟

蟒河景区

___简介___ | JIANJIE

　　蟒河景区位于阳城县东南，北承太岳，东接太行，西倚中条，南连王屋，地理位置特殊，属温带之南缘，亚热带之北界，是以保护猕猴和亚热带植物为主的国家级自然保护区、国家森林公园、国家4A级旅游景区。

　　蟒河景区共有动物285种，种子植物882种。被列为国家一级保护动物的有黑鹳、金雕、金钱豹，被列为国家二级保护动物的有猕猴；被列为国家一级保护植物的有红豆杉、无喙兰，被列为国家二级保护植物的有山白树、连香树，其中红豆杉属北方极少见的亚热带树种。药用价值极高的山茱萸在蟒河分布最广，历史悠久，因此蟒河又称"山萸之乡"。蟒河旅游景区有"奇、幽、秀、险"四大特点，素有"北方小桂林"之美称。水清如碧玉，山秀如诗画，有山皆奇，有水皆秀，鬼斧神工，妙境天成，是一幅仙山圣水的自然画卷，自然景观资源十分丰富。其全长10公里的地面钙化景观，被有关专家称为中国东部唯一的钙化型峡谷景观。

《蟒河的猕猴》（节选）
周晓枫

一进景区大门，我们和数只哨猴相遇。乍见猴子，本能反应是既喜且怕。猕猴皮毛丰沛，体量虽比我们渺小，但它们赤躁的脸上有双让人不好判断情绪变化的眼睛，不知是热情还是漠然——那里似乎藏着可随时转变为侵犯的戒备。猴爪上的指甲，锋利的裁纸刀。这双形同利器的指爪，有着神经质的灵活，可以胜任偷窃和复仇。作为谨慎的游客，我们提前拉紧背包的拉链，不准备喂食，不让抢劫得逞。

走了没多远，到了猕猴的聚集之地。蟒河景区从最初的两群一百多只，繁衍到现在的六群一千多只。中心区的服务点，每天都要投喂三十到五十斤玉米，所以相当于猕猴的公共餐厅。并不急于进食或已酒足饭饱的猴子小睡、嬉戏、相互整理皮毛，高高低低，散布在一侧的岩崖像幅壁画：一棵结满金色果实的树。

一个健硕的显然是猴王的家伙，抢了女游客的红袋子——那种颜色太抢眼，并且危险摇晃着，几近蓄意招惹。管理员呵斥，猴王立即放弃了斩获之物，逃之夭夭。在我这个旁观者看来，猴王的作为，谈不上恶意，更像是要在自己的臣民面前展现破戒之勇。

其实猴子不乏教养，放下偏见去接触，就会发现，它们远比你想象的情感细腻。假设喂食的动作从容，猴子从我手中取食的时候刻意柔缓，能感觉它们精确控制指端的力量以免使我受到惊扰。这既是礼貌和教养，也是鼓励我再次喂食的策略。只有喂食者紧攥食物，迟迟不肯松拳，猕猴才会急切催促，并试图帮助打开那些紧张的手指时，才会在喂食者的掌心留下极度轻微的隐约挠痕——不疼，就像拥抱没有压痛一样。

有趣的是，我有一次双手掬了玉米粒，猴子取食之后，我右手明明还有，可它们不吃。刚才还急切，怎么突然无动于衷了？我低头观察，剩下一颗泛黑的，另外两颗都属于体积不足一半的残粒。我以为它们没有注意到这不起眼的细节，依然摊开掌心等待着。持续一会儿之后，坐在我面前的几只猕猴失去了耐心。其中一个抱着幼猴的小母亲用琥珀色的眼睛凝视我，然后伸手，轻而准确打落我掌心的余粒。原来，猕猴嫌弃这些发育不全、口味不佳的残粒。相当于我用变质的菜肴招待客人，我从那个小母亲轻微恼怒的目光里，接收到明白无误的信息——它们不吃这样的食物，这甚至侵犯到自尊。我节约却鲁钝的行为几近轻视，于是，猴子中的勇敢女性，及时给予我严格又不算严苛的教育。

猴群内部也不乏教育与自我修正。偶尔看到缺皮短毛的猴子，多是因为破坏规

矩受到猴王的体罚。不过,有些僭越者更具魅力。某些公猴挑战王权,后果却是受挫与失败,继而被逐出群体,但它们以独行侠的方式漫游,攀援跳荡,自由自在。我们途遇一只单独的公猴,真是帅哥啊,皮毛干净而闪耀,泛着金与银的光泽。它炫技般从石栏一跃而起,跳上高处的树权,并摇晃枝条,降下一场短暂的急雨。这个喜欢恶作剧的家伙,在看似漫无目的的游荡中,默默积蓄自己改变未来的反叛力量。

猴子之间,有日常温情,也有政治权谋,它们具有丰富的情感体验。蟒河景区的导游说,一旦亲密的同伴死去,猴子会掩埋尸体,不过只掩埋一半。猴子每天都去缅怀和探望,稍有风吹草动,猴子就把它刨出来,看看同伴是否还活着,直到尸体腐烂得皮毛开始发臭,猴子才接受死亡事实,不再等待它的复活。

人类之所以对猴子既喜且怕,是因为从哈哈镜里看到变形的自己。猴子其实出自天然却被我们视作模仿的动作,让我们或得意或尴尬。我们的爱与憎、尊与卑、灵巧与笨拙、善意与邪念,都在猿猴那里,找到某种呼应。何妨一笑?至少,我们不孤独。至少,我们拥有智慧与科技的同时,被提醒着,天性与自然永远在不能被忽略的源头。

行至雾气浮升的桃花岛,猕猴没有跟到这里,弥漫整个林间的小雨还在零零落落。也许是雾气太大,不仅猕猴,我们连同游者的背影都看不清了,只剩苍茫的诗意与静寂。突然觉得天荒地老。此时的蟒河,此时的晋城:晋善晋美,晋在不言中。

猕猴隐藏在滴雨的林木里,我们走在雾湿的幻境。人间烟火,烟火人间俱静俱远。

■■解读■■

周晓枫，当代散文家，出版有个人散文集《上帝的隐语》《鸟群》《收藏——时光的魔法书》《斑纹——兽皮上的地图》《你的身体是个仙境》《雕花马鞍》《聋天使》等。曾获冯牧文学奖、冰心文学奖、庄重文文学奖、十月文学奖、人民文学奖等奖项。

蟒河景区最吸引散文家周晓枫的是猕猴，周老师也用他的散文家之笔生动地记录了在蟒河景区与猕猴的相遇、相知，可以说这是周老师第一次如此认真地认识猕猴的动物特性和社会特性。猕猴是蟒河景区最受游客期待的看点之一，到蟒河不看猕猴，那就相当于没到蟒河，但到了蟒河，而不和猕猴深入接触一下，那也不会留下多少记忆。周老师以散文家的敏感，紧紧抓住猕猴这一看点，从猕猴看世界，看人类与自然的关系，为我们打开了游览蟒河的另一个视角。

绿意蟒河

赵欣

去蟒河，我是由高往低走的，全程整整走了五个小时。

在这里，最浓的色彩莫过于"绿"。山是绿的，水是绿的，绿色包围着你，翠绿是她抖动的脉搏，墨绿是她沉甸甸的心脏，浓的、淡的，深色、浅色，拥挤得如玉莲花般的绿意，从海拔1100米高处一股脑儿地倾泻而来，层层叠叠、郁郁葱葱、潇潇洒洒，伴着湛蓝色缥缈的天空和飞逝的白云，由树皮沟向南飘移而下，穿过陡峭的山阶石梯，爬上险峻的栈道孤桥，直接撞入清凉甘醇、魅力四射的蟒源洞。

蟒河伴着泉水叮咚欢唱着歌儿再次出发，这时的绿增添了灵动，时而舒缓时而跳跃，在峡谷低处蹁跹漫舞，去拐弯抹角处迂回湍跑。谷水潺潺，木落翩翩，或勾肩搭背或交绕缱绻，中国最北方的野生猕猴群在这里安享天年，人与自然和谐相处，人与动物成了朋友，猕猴们在此安居乐业繁衍生息，与人类互动不厌其烦蹿到生活的海洋里其乐融融。两岸猿声啼不住，一股清泉石上流。蟒河不让你的眼睛有半刻的闲暇，它必定是要从这个绿接着那片绿，一棵绿携着一群绿，趁你还没有回过神来，便匍匐身体亲吻着地球蜿蜒而去，直到这条巨蟒把整座山都湿漉漉地滋润了。

微风掀起涟漪，有位佳人，在水一方。绿茵茵的山峦乐了，郁郁葱葱的鹅耳枥张开嘴巴笑了，枝繁叶茂的山茱萸快乐得恨不能立即高歌一曲。婆婆娑娑的五角枫、君迁子，罕见的南方红豆杉在这里扎下了根，与蟒河相生相伴互生共存的青檀、流苏、栾树、领春木，当然，还有许多许多……所有的珍贵，都写在它们的年轮上。那些被绿色滋润透了的山茱萸们，心里盼着北方的冬天快点到来，冬天来了，它们就可以毫无顾忌地把自己浑身上下已经孕育成熟了的、将要压弯枝头的果实绽放出红亮亮的色彩，如星星点灯般去美丽你的眼睛，用一簇簇鲜翠欲滴的"红灯笼"，去引诱男人们和女人们的眼神，让他们生发拥抱它们的欲望。这时，蟒河的农人是

幸运的，他们果然睿智地发现了它们的美，紧紧地拥抱了这份美。投之以桃，报之以李，丰收的采摘人也张开嘴巴笑了。

蟒河山水包罗万象，悠悠的绿意从远古缓缓走来，带着童话般的山水诗意，冲进了温暖的动植物资源宝库，东接太行，西衔中条，南连王屋，北依太岳，绿意蟒河居于中，悠然阳城之南。

■■解读■■

赵欣，作家，晋城城区民间文艺家协会主席、城区作家协会副主席。

本地作家赵欣，在蟒河景区与"绿"相遇了。

晋城因其独特的山水资源被人称为北方的江南，因此在山西你想看山水风景，最好来晋城，而蟒河景区集合了所有山水风光所要求的元素，并且有其他风景区所没有的独特元素。

蟒河的"绿"把本地作家紧紧地吸引了，其他慕名而来的外地人，能抵抗得住吗？在绿色越来越稀缺，越来越需要通过各种人为方式争取的今天，蟒河的绿色就更加值得珍惜，值得品味，值得回味……

◆阳城三传说

盘古开天：在银河村的两边，矗立着一座座巍峨的高山，东边是盘古山，西边是女娲峰，传说盘古开天的故事就发生在这里。在银河峡谷里，有一块巨大的石头被劈为两半，一半躺在地上，一半屹立于河谷之中，似乎是对这个传说的佐证。

女娲补天：有人认为，传说中女娲补天的地方是在银河峡的三母埠，古人为了祭祀女娲，在西山上修造娲皇庙，山下峡谷里有许多五彩斑斓的石头。中国民间文艺家认为，五彩石可能是女娲补天时所留，因此这里被称为女娲补天神话之乡。

愚公移山：传说愚公移山的故事就发生在这里，在银河村后的王屋山上，迄今还有遗址。山腰间，有一个自然庄，叫石缝村，经专家考证，就是愚公故居。2010年，银河村申报的愚公移山传说，被山西省人民政府评为"省级非物质文化遗产"。

砥洎城

简介 | JIANJIE

　　位于山西省晋城市阳城县城东13公里处的砥洎城是目前华北地区现存尚好的明代民居代表、建筑史上的稀缺实物资料。当地百姓俗称之寨上，是全国重点文物保护单位。

　　砥洎城南接村镇，北临沁河，三面环水，呈半岛状。远望其城，坚如磐石的砥柱挺立中流，故名砥洎城。城呈椭圆形，砖砌，占地面积约6万平方米。南有正门，起于地面的城墙，高约10米。临河城墙从河边筑起，高约20米，上设城垛、炮台等，是用来防备外来之敌的，现已毁坏不存。正门额书"砥洎城"，为城内居民出入之通道；城北沿城墙设石梯，沿梯而下可通水门乘舟而行。城内道路规则，城周筑环城路，其余均为住宅巷道，各种设施齐备。古时一遇兵荒马乱，城门一关，自成一体，攻不可破。

　　砥洎城虽系砖石木建结构，但从形体规格、建筑用料到实用价值等方面却十分讲究。民居共分十大街坊，摆布井然有序，高低错落有致，巷道形成许多丁字街口，且巷深墙高，道路显得尤为狭窄。住宅之间自巷顶架设过街楼，人行方便。民居大多为单进式二进院，每坊之中院与院连为一体，相互连接，四通八达。院中房屋多为双层，大部分设有楼道。正房亦有三层者，但屋身偏低，不设门和楼道，呈阁楼式。

值得一提的是，砥洎城是乾隆朝大数学家张敦仁的出生地和成长地，城内现保存有张敦仁故居，是另一看点。

《砥洎城的诱惑》（节选）

成向阳

这座金铁之城，位于山西省阳城县的润城镇，离我的故乡泽州大箕镇并不太远。它有一个颇为生僻的名字——砥洎城。

砥洎城，张嘴用汉语普通话读一下，可以读为"抵记城"——一座你一旦抵达便永不会遗忘的山水之城——它是建在水上的，四面坩埚高墙，三面阻水，一面倚山，真乃形胜也！

在看到它的第一眼，一个巨大的诱惑，便漩涡一般立即在我心底生成。我一跃深入其中，带着我重新浮生的久远记忆，带着我的好奇与天真，想触底探一个究竟。但砥洎城又像所有美而强大的诱惑一样，都是神秘的。首先，它的名字就是一个障碍——"砥洎城"，多数第一次来到它跟前的人，都会仰着头把城门匾额上的名字读错，且错得声音洪亮、气势庄严，一点都不羞愧，即使在被纠正之后，仍然是一头雾水——砥洎城，啥意思呢？

我也真不知道这个名字是什么意思，是认真翻了一回《汉字源流字典》，才约略猜到了它名字的堂奥——"砥"的本义，是

质地细柔的磨刀石，引申一下，有"阻滞、阻挡"之义，如明代著名诗家、抗清英雄张煌言有诗曰"片石谁能砥乱流，冠裳无计且依刘"。"洎"者，本义是"灌釜"，也就是为一口锅里添水的意思（会是我父亲铸的锅吗？），它又可作动词用，意为"浸润"，或作名词用，表"汤汁"（我父亲坩埚里熔化的金属汤汁吗？）。但用在此处的"砥洎城"里，"洎"实指的是一条河流——沁河。"洎"本来不是河流的名字，但前世学者们在笺注《水经》里的沁河时，曾将沁水的出处"涅县"误为"洎"。而沁水，又称少水，所以位于沁河水中流东岸的润城，又称少城。润城人在沁河岸边筑起的城池，当然会用一个虽然是被误写但十分古奥的"洎"字。按照这样的理解，所谓"砥洎城"，或可理解为阻沁水以为城者。

在夕阳的抚照中，隔着一条悠悠沁河水，望雄踞在远处的砥洎城，真像一只金色的大龟背驮青山探头入水。城池连通河道的水门两侧，约20米高的城墙梯形排列，把此时的阳光折叠成长长的一条又一条。但从外面看你是看不出这座城池的伟大的，因为仅从外观来看，它虽然枕山阻水，高峻异常，但还称不上举世的奇迹，要想认识它的伟

大，你得进城去，看看它的内里。

城门却甚是窄小，对古人言，民间筑城，这窄小也是一种本分。更何况这城原本就不是修给闲人来看其阔绰的，它是沁河流域发家致富的润城人用来保卫身家性命的堡垒聚落。城门窄小则易守难入，一张大弩或两支土枪，完全可以拒千军万马于坚城之下。而如今河清海晏，烽烟荡尽，城门里摆着的不是大弩和土枪，而是一个笑容嫣然的大娘和她的烤枣馍摊子，香喷喷、甜丝丝的，十块钱给你拿四个。

顺着大娘漫溢在脸上的微笑和风送出去的缕缕枣馍香，你抬眼一看，呃天呐，逆着强烈的阳光——夕阳此刻正贴着城墙的上缘箭镞一般逼射下来，黑压压一片的坩埚就在你的头顶，它们密密麻麻长在了高高的城墙上，像一张一张无声呐喊着的嘴巴，又像密集排列在一起的枪口，黑洞洞的，席卷一股肃杀之气陡然从天而降，让你这样一个旅人的脊椎，立即过电一般颤抖起来。不是因为害怕，而是被忽然间震撼。天呐，这样的坩埚之城是怎么建起来的？为什么要用坩埚筑墙？它的技术优势和功能价值又在哪里？这一连串的问题，会一直伴随着你爬上爬下，再顺着城墙的内侧一路走下来，到最后也仍然是百思不得其解。

要真想清楚，你得再认真翻一翻书呢。

我是认真翻了一回书才知道，砥洎城的坩埚之墙，绝不是修来给人看热闹的，它也绝不仅仅是以奇特的外观来唬人，它真正的价值与奇特性还是在于实用。而要想真正领教砥洎城坩埚墙的厉害，最好的办法大概

还是你把自己想象成一个山匪或流寇的大头目，正带领着喽啰铺天盖地翻山而来。面对这座大城，你火烧、水灌、炮击，然后又想尽一切办法挖地道，搞爆破，但最终仍然是一筹莫展，头破血流铩羽而归。最后你可能会把希望寄托给时间，等五十年后带着孙子们再来——很多著名的城池不正是在时间的长河里一夜间呼啦啦就塌陷的吗？但再次面对砥洎城，你会失望地发现，少年时代就打不破的砥洎城如今似乎更为强硬了，它的地基、它的城楼、它的每一块城砖几乎都没有风化，更没有变形，你打破头颅，也找不到它的一丝漏洞。到最后，你只能带着一生的遗憾与失落望砥洎城而兴叹。

你其实一点都没弄明白，你最大的障碍，其实是那从下到上被砌筑在墙体内的千万只铸铁坩埚。你最大的对手，正是那些把废弃坩埚砌筑进城墙里的一个个润城冶铁铸造师傅，他们同时也是筑城者和执兵守城的战士。作为一个攻城者，你等于是妄想在铁砧上打洞。而坩埚护体的砥洎城，事实上是比铁还要硬的啊，它是名副其实的一座金城。

这座金城是怎么修筑起来的？为什么有人会想到用废弃的坩埚来筑墙？这千万只的坩埚又是从哪里来的呢？这一切，还是要从一只冶铁坩埚说起，就像我父亲最初用的那种青矸石制成的坩埚一样。

■■解读■■

成向阳，山西泽州人，中国作协会员，山西省文学院签约作家，鲁迅文学院第三十三届高研班学员。著有《历史圈：我是

达人》《青春诗经》《夜夜神》。

作家成向阳的父亲是做坩埚的晋东南农村传统手艺人，因此他从小就看着父亲从无到有地制作一只只坩埚，并拉上车把它们卖掉。当坩埚护体的砥洎城出现在他面前的时候，他震惊了："我带着两只暗暗涌出了泪水的眼睛抬头望，千万只坩埚筑成了一面墙，又一面墙，四面高墙围成一座黑压压的金铁之城。"童年记忆里的那一只只坩埚，居然垒成了一座城！

砥洎城，以它的"千万只坩埚筑成了一面墙"震撼了成向阳，它也会以其他你之前没见过的特色震撼你。在砥洎城，你也会像成向阳一样，被震撼；你也会产生一串串疑问，这些疑问是在你的经验之外，但在砥洎城，却自有它的合理之处。

砥洎城，一座晋东南的神秘古城，期待与更多的人相遇，而每个人又会以他个人独特的人生经验与这座城对话。

扩展 | KUOZHAN

◆阳城打铁花

打铁花是一门古老的技艺，更是国家级非物质文化遗产，将酷炫的铁花与冶铁技术结合在一起，制造出民间最美的烟花。这项优美而灿烂的民间绝技正濒临绝迹，鲜为人知。"打铁花"最早可以追溯到春秋战国时期，鼎盛于明清，后经千年流传，不仅增加了鞭炮、烟花，还把耍龙灯、打铜器、游社火吸收进来，形成一种场面恢宏、气势磅礴、喜庆吉祥的独特表演风格。表演时鼓乐齐鸣，十几个化铁炉火光冲天，打铁花艺人赤膊上阵，舞动着千余摄氏度高温的铁汁自如穿梭，被击打后的铁花纷飞，可迸出几丈高，冲向空中朵朵绽放，流星如瀑，瞬间梦幻般的美丽震撼了广场上欢呼的人群，场面蔚为壮观。在阳城东沟等地，今天还有打铁花传人。

◆阳城生铁冶铸技艺

阳城生铁冶铸技艺是地方传统手工技艺之一，堪称中国生铁冶炼术的代表作。阳城地处中条山区，盛产富铁矿，且距地表较浅，为中国生铁冶铸术的重要留存地。犁炉炼铁和犁镜的铁范铸造等技艺十分突出。

犁炉为中国式的竖炉，由炉缸、炉腔、炉身及支架构成，其内腔呈曲线状，具有风流顺畅、利于炉况顺行的优点，当地江木等优质木材烧制的木炭则被用作熔炼的原料和还原剂。

犁镜是阳城的名牌产品，为步犁上的重要配件。阳城犁镜由原铁水浇铸，这种做法在世界上十分罕见。

尉迟村赵树理故居

简介 | JIANJIE

　　赵树理故居位于沁水县尉迟村，故居原为两进院落，前院已毁塌，只剩房基。现存的内院院落于2004年10月被山西省人民政府确定为"省级重点文物保护单位"。整个建筑坐北朝南，大门位于东南角，现在还保存有堂房三间，东西耳房各两间，东、西房各三间，西南小房两间，是一处传统的北方农村四合院布局。

　　赵树理在这里出生并度过了童年、少年和青年时光。西房楼上是赵树理的出生地及住所，他的两次婚姻也是在西楼上完成的。参加革命工作后，他有时回家来，就在西楼看书、写作。

　　赵树理的陵园建在尉迟村后牛头山的山腰，一条长长的石阶路通向山腰间。道路两侧耸立着书籍形雕塑，是赵树理的代表著作。陵园的正中安放着赵树理穿着中山装、半坐着的铜像，圆形墓冢前的八角亭里竖立着汉白玉墓碑。两侧的墙上雕刻着其经典著作《小二黑结婚》的精彩片段。

赵树理纪念馆坐落在村西陵园下边的一座三层建筑，是中国赵树理纪念基地、山西省文艺家思想教育基地、山西省文艺创作基地。展厅面积1000余平方米，以赵树理的创作和活动为主线，以赵树理忠诚于党的事业为辅线，用七部分内容清晰地展示了赵树理为党的事业和人民的幸福而创作和服务的一生。

引文 | YINWEN

赵树理故居：永远的草根情结
（节选，载《人民日报》2015年1月26日24版）
乔忠延

就在沁河边的这个小院，赵树理度过了幼年、童年和少年时代。在这里，祖父和父亲教他《弟子规》《三字经》《论语》等传统经典，还要求他学以致用。用得好不好，天天有记载。先是画道道，做了好事画竖道，做了坏事画横道。后来改变了方式，备个罐子放豆子，做了好事放白豆，做了坏事放黑豆。幼小的他，就把自己的根脉往仁爱和善良的深处渐渐扎去。在这里，赵树理开始品尝农人的艰辛。每日天不亮，就被母亲唤起，扒一碗小米饭，喝一碗稀米汤，怀里揣上几个山药蛋，接过父亲套好的毛驴，赶着上路。毛驴在前头颠达，他在后面攀爬，一天下来筋骨都能拆开。

赵树理就这么在小院中长大。十九岁那年，他考上了省立长治第四师范学校，意气风发地走出了小院，告别了田园。

走出了小院，却没有忘记小院；告别了田园，却没有忘记田园。父亲汗滴禾下土的艰辛，母亲纺织到天明的苦累，还有耿炭路上遇见的那些可怜的逃荒者、战战兢兢敲开院门的讨饭者……都深深嵌进他的血脉。他的内心涌动着杜甫的诗句："安得广厦千万间，大庇天下寒士俱欢颜。"他要得的"广厦"当然不是有形的屋舍，而是无形的广宇。在那样一个时代里，这股胸中的波涛恰好对应了革命的浪潮，于是，赵树理再不是一个企望"老婆孩子热炕头"的农家子弟，脱颖为一个"大庇天下寒士俱欢颜"的时代新人。

"草根"赵树理出发了，成为一名作家。在那个年代，作家可不像今天遍地丛生，要是用他的生花妙笔养家，非光宗耀祖不可。可是，赵树理是去闹翻身的，他的笔不是赚钱的工具，而是解放劳苦大众的武器。他喜欢"解放"这个词语，他要解放劳苦大众，不光是从肢体上解放他们，还要从精神上解放他们。《小二黑结婚》就这样问世，一经传开就引起热烈反响。小二黑、小芹、二诸葛、三仙姑……一个个小人物，或代表先进思

想，或维护封建意识，矛盾冲突中展示翻身解放的曲折，曲折中却迸溅着光明的火花。赵树理让无数个小人物带着大众的意愿，在他搭建的小说舞台上不断出场，不断演绎。《李有才板话》《李家庄的变迁》《三里湾》……赵树理的作品和他作品中的人物广泛流传，不仅在文化人当中，也成为平民百姓茶余饭后、街谈巷议的不倦话题。

当然，也不乏带着挑剔眼光审视赵树理作品的学人，审视的结果是两个字：土气。丁玲看过赵树理编的秧歌戏《娃娃病了怎么办》，写道："就其本质而言，赵树理不是个艺术家，而是个热心群众事业的老杨式的干部。"这不是丁玲一个人的看法，而是不少延安文化人的共识。

或许，赵树理完全可以变个花样，换个新招扮靓自己，他有这样的底气，他阅读过西方的名著，接触过洋人的玩意儿。有次与几个文人闲聊，谈到契诃夫的《在避暑山庄里》，赵树理不仅能说出故事和情节，连其中的假情书都能背诵出来。写作过赵树理传记的作家陈为人就发现，在赵树理早期的文章中，连意识流也玩得溜溜转。可是赵树理就是赵树理，他绝不放弃自己的"草根"气息。他投身革命是要解放穷苦贫民，奋笔疾书也不能背弃穷苦贫民。他把深深思考过的道理，化为小说故事，再用人人听得懂的话语写出来。诚如他自己所说，我写作品的目的，就是要政治上起作用，人民群众能看得懂。

正缘于此，赵树理的小说拨动了无数农民的心弦。

正缘于此，赵树理开创了"山药蛋"派，并成为领军人物。

....

个人的命运难免在时代中浮沉。好在终究尘埃落定，乾坤明净，再看赵树理，任谁也不能不对他的文品和人品产生敬意。

如今，当我站在尉迟村赵家小院，往事纷纭，思绪翻飞，却也无法填补这故居的空落。

赵树理从这里走出去了，赵树理的后人也随着他的步履走出去了。小院只能用深长的寂寞收藏往日的生机。不，小院还有生机，是一棵树，一棵冲出屋檐直逼云天的大树，树干笔直笔直的，树叶葱绿葱绿的。它一定能看见山脚下赵树理的墓园，对正打坐在墓前的作家说：我们的根，都在这里！

■■解读■■

同为山西人，同为山西作家，乔忠延老师在文学成长的路上，一定对赵树理的作品和人生有过深度的了解和理解，因此，当他来到赵树理出生和成长的地方，他头脑里的赵树理及其作品形象与真实的生活场景形成了对接，也触动了他的思考。乔老师站在这座院落里，眼看着一砖一瓦，一草一木，倾听着赵树理青少年时代的故事，头脑里却过电影似的浮现出赵树理小说中的各类人物、故事情节以及人物命运，他在这里找到了赵树理始终坚持的"草根情结"，这是骨子里的一种情结，赵树理把它贯彻到一生的写作中。因此，到尉迟村，你不是来这里看山水，而是重新理解赵树理及其作品，重新理解中国传统，重新理解中国农民。

赵树理之"驴说"（节选）
陈为人

赵树理成名后，他的家乡流传一个这样的传说：为赵树理过百天，长辈们特地在他面前摆了十几样玩意儿，任他抓。其中有向人借来的银元宝，专摆在孩子的小手最容易触到的地方！可是赵树理偏不碰它，张开两只小手，一手抓住一支笔，一手则紧紧攥住一根赶毛驴的鞭子。赵树理的爷爷见此情景，长长地叹口气说："这孩子长大以后本应金榜题名，可惜错投在咱们贫寒之家，只能做个驴背上的状元。"

....

赵树理年幼时，为了补贴拮据家庭的开支，在天寒地冻的冬闲季节，常要赶着毛驴去驮炭。他从尉迟村走到阳城煤窑，驮上炭，运到端氏镇，往返百里，挣几个脚钱买盐买布。每天一早，他在母亲柔声的呼唤和轻轻的摇动中醒来，迷迷糊糊地摸索着穿上衣服，走到外屋的灶边，用冷水胡乱洗洗脸，用一块污秽的破手巾擦干，然后蹲在地下，扒几口小米捞饭，喝一碗清水米汤，再揣上几个煮山药蛋。这时，父亲已把毛驴装套好，交给他一条小鞭子。

大概正是这些"遗传基因"塑造出这个"一手攥笔杆，一手握驴鞭""驴背上状元"的作家赵树理。

当年任《黄河日报》（路东版）党支部书记的何微，在《对赵树理的几点回忆》一文中，对当年的赵树理讲述了这样一个细节：

有一次，他说了几分钟的一个小段，今天晚会我不唱戏，也不讲故事，讲讲文化娱乐吧。咱们这个晚会，叫做文化娱乐晚会，为啥打日本、闹革命，还要文化娱乐呢？我们做工作，好比毛驴拉碾拉磨，驮炭驮水，一天半晌过来，干活累了，让毛驴喘喘气，歇歇劲儿，卸了驮子，卸了驮架，套包笼头毡都卸了，牵着驴儿在太阳地里转上几圈，转着转着，毛驴就懒洋洋地跪下两条前腿，躺倒在干土地上，美美地打个滚儿，裹上一身浮土，又滚过来，滚过去，滚得四脚朝天，好舒服啊，歇上会儿，浑身上下一抖擞，抖掉满身浮土，蹦起来，喷喷鼻子，翻翻嘴唇，扬起脖子，放开嗓门，鼓着肚皮，胡呵胡呵，一叫唤，又精神了，干起活来又是一身劲儿。文化娱乐就像驴打滚，没点文化娱乐不行，可是光打滚，不干活，就不是只好驴子了。所以做工作，闹革命，都要学会驴打滚。可千万别做打滚驴。人们顿时哄地欢笑起来！

赵树理在这个小段子中，以一个作家的"形象思维"，对文化娱乐与革命的关系作出独特的阐述。颇有赵树理的语言风格特点。

当年的太行区根据地，集中了太行山乃至全中国的不少知识分子、精英。他们大多是在外国文学或"五四"新文学的指引下踏进文学殿堂的。在他们的观念中，"文以载道"，为文是济国安邦经天纬地的神圣事业，而赵树理竟把高雅的艺术女神与俗不可耐的"打滚驴"搅在一起，这简直是对神圣艺术的亵渎。他们看不上浑身冒土气的赵树理，就送他"庙会作家""快板诗人"的外号。

赵树理显然也听到不少对他诸如此类的微言非议，他对李普说："我不想上文坛，不想做文坛文学家，我只想上'文摊'，写些小本子夹在小唱本的摊子里去赶庙会。三两个铜板可以买一本，就这样一步一步去夺取那些封建小唱本的阵地。做一个文摊文学家就是我的志愿。"

■■■解读■■■

山西作家、文化学者陈为人老师就生活在山西作协大院，尽管没有见过赵树理，但他和赵树理的老朋友、老同事和家人都很熟悉，赵树理的故事、赵树理的性格、赵树理的命运，既是他熟悉的话题，也是他思考的问题。在这篇文章中，他紧紧抓住"驴"这一形象，把赵树理的一生用"驴"来串通起来，即百天时抓"驴鞭"，到少年时代赶驴驮炭，再到中年时代形象地用"打滚驴"讲理说文，让我们看到一个接地气的人民作家的形象。今天，当我们来到赵树理出生和成长的故里，我们会更加理解赵树理与"驴"的情结，更加理解赵树理的写作风格和文化关怀。

◆沁水鼓儿词

沁水鼓儿词是一种民间传统曲艺，源于明末清初，盛行于清末民初至20世纪50年代。沁水鼓儿词以说唱艺术为主，它的说唱板式分为四种，即流水板、一横板、二横板、三横板。最早是由一人自打自唱，伴奏乐器只有小鼓和挎板。清末至民国年间，沁水鼓儿词的伴奏乐器加入了弦乐器和打击乐器，开创了新的表演形式。1960年代，伴奏乐器又加入了京胡、二胡、板胡、低胡、唢呐等民族乐器。沁水鼓儿词的单人表演道具有醒木（也称惊堂木）、鼓箭、简板。沁水鼓儿词的说唱曲目大多以传统鼓书的曲目为主，代表作有《包公案》《烈女传》等。

◆沁水秧歌

沁水秧歌（原名四、八板），俗称干板秧歌，大约产生在清末，流行于沁水城关以西的中村、王寨、苏庄、城关一带，受当地方言的局限，流传范围不广。沁水秧歌是由寺庙"唱经"时的四、八板曲子衍生而来，已有上百年的历史。它曲式简单，四句一折，伴奏乐器只有打击乐器，是一种自打自唱的地方曲种。随着时代的发展，在伴奏中加入了民间管弦乐器，丰富了沁水秧歌的表演形式，提高了沁水秧歌的艺术性和观赏性。

柳氏民居

簡介 | JIANJIE

柳氏民居,乃柳宗元后裔柳琛在明永乐四年(1406)始建,距今已有600多年历史。民居位于山西省晋城市沁水县西南25千米处的中国历史文化名村西文兴村。民居为典型的明清城堡式庄园建筑,依山而建,环山而居,西高东低。原占地面积几十亩,整体布局为"福禄双全",依托北山,作凤凰展翅状,大有气吞山河之势。整个建筑,都是砖木结构,灰缝很细,非常坚固,下面青石细纹底座,一砖到顶。

柳氏民居虽然历经数百年,却未遭到大的破坏,至今仍保存有明代以来的8个完整府第,共分外府区、中部、内府区三部分,每院均为四大八小的四合院式建筑。村东端为外府区,为半封闭式,高墙建筑和过亭作防御,仅有3个石拱门让人通行,各院地道暗中相连,浑然一体。村北端为内府区,为全封闭式,四合院上空架设有铁丝网,与地道合称为"天罗地网"。景点为国家4A级旅游景区,全国重点文物保护单位。

高台上的柳氏民居
闫海育

风从故乡来。柳氏民居在因旅游者的目光关注而成名之时,我已经离开了故乡。后来即使回去,基本上都没有旅游的时间与心情,也就一次次错失了走进柳氏民居的机缘。多年之后回沁水探望父亲的一个雨后的上午,我们一家人第一次叩开了柳氏民居的门扉。

关于柳氏民居,民间有这样一个传说。清朝时,阳城县一个唱戏的武生叫小绪,会翻跟头,功夫了得。他听说邻县沁水的西文兴村收藏着一顶凤冠,就有些耳热心动。戏台上他见过假的凤冠,如果将琳琅满目的金银珠宝都换成真的,那他小绪这辈子岂不衣食无忧,摇身一变就过上了富人的生活?心动不如行动,小绪带上干粮,混进村子,躲在司马第的九层斗拱之上仔细观察了七天,对院内的各种机关了然于胸之后才敢动手,也算是将功夫下到了家。偷是偷出去了,如何出手却成了新的难题。沁水的当铺,他没敢进,怕有柳家的眼线;阳城的当铺,还不敢进,他觉得凭柳家的势力,一定能将眼线延伸到这里;一直走到山西与河南交界的地带,他太急于将盗得的宝物变现,就随意走进一家当铺,让柜台上的伙计叫来掌柜议价。掌柜请小绪拿出凤冠一看,然后吩咐伙计好吃好喝侍候着,说是此等宝贝,

价格昂贵,需请东家定夺才可。此时的小绪已经完全放松了警惕,没觉察出这是掌柜的缓兵之计,更没想到这家当铺的东家竟然就是沁水的柳家,费了好几天牛劲才偷出来的凤冠,就这么轻而易举地又给人家送回去了。

对于柳氏民居最大的争议,就是这里到底是不是柳宗元后裔的居住地,或者更明白一点就是说这个村子人们的祖先到底是不是柳宗元。

一种说法是柳氏家族与薛氏、裴氏同为河东三大望族,安史之乱时,柳宗元的父亲柳镇为了避免家族被叛军滥杀,紧急从长安赶回虞乡,送母亲等人隐身于王屋山中避难,时间长达七年。王屋山中应该有一片柳家祖传的封地或家业。唐宪宗登基后,柳宗元先被贬为邵州刺史,行未半路,又被加贬为永州司马,他很担心自己加贬之后就是杀头,唯恐祸及家族,赶紧密传家书,让族人避入山中。事情结果虽然没有他想象的那么糟糕,但在永州任职十年返回京师之后不久,柳宗元再次被贬为柳州刺史,并于四年之后卒于柳州任所。可见当时朝廷以及他的政敌们,并没有"饶恕"他的意思。从此,柳氏后人隐姓埋名,没入尘埃。一直到了明代,柳宗元被尊为唐宋八大家之一,柳氏家族才重现江湖。据其族谱记载,唐朝末年,亦即柳宗元让族人迁徙那次,柳氏先迁至翼城,明朝初年又迁往沁水,之后便在这里

繁衍生息，发展壮大。族谱中称："唐末世祖，永州司马，贬叹格训，以照贤孙"，永州司马即为柳宗元。格训的主要内容为："皇恩食邑，中条道中，五谷为生，未读为本，忠恕廉洁，忧国忧民，弃府始徙，盛名勿扬。"此训不仅指明迁徙之所位于中条山中，那里原本就是柳家的封地，可以在那里以五谷为生，而且要求后代如先辈那样忠恕廉洁，忧国忧民，但切记不可远传盛名，以免招来新的祸害。西文兴村地处历山脚下，正是中条、王屋二山的接壤处，与柳氏家族的两次迁徙相印证。由此认定西文兴村的柳氏就是柳宗元的后裔。

另一种说法则是柳宗元虽然祖籍河东，但出生于长安万年，病逝柳州之后，与其父母及其正配杨氏一起归葬于长安万年的祖坟，并没有将河东作为自己的故乡。柳宗元死后，两儿两女分别由其生前好友刘禹锡、韩愈、卢遵、崔群抚养，不会送至中条山中环境困苦之地。据韩愈所写《柳子厚墓志铭》，柳宗元的大儿子叫周六，时年四岁；小儿子叫周七，当时尚未出生；两个女儿年龄都还小，没有记下名字。并考证周六、周七的后裔最终迁居于江苏江阴的戴君桥村，两个女儿因无名而无考。因此认为西文兴村的柳氏虽然出于河东，却与柳宗元无关，只是柳氏大家族其中的一支。

西文兴村的柳氏始祖叫柳琛，明朝永乐四年（1406）殿试三甲，赐同进士出身，为了完成祖辈遗愿，从原居所翼城南关翻山越岭，深入历山选址建宅，始建西代兴村，后称西文兴村。两年后，柳琛重入仕途，司职

翰林，打破了柳氏宗族五百余年默默无闻的沉寂。其孙柳騄，庚子科进士，因诗文出众受到明宪宗宠爱而获"行邀天宠"之匾，嘉靖二十三年（1544）辞世于京城之后，钦差提督、巡按山西监察御史等人曾在沁水知县陪同下，亲临西文兴村，奉旨修造"丹桂传芳"石牌坊。牌坊一般分为功德牌坊、贞节牌坊、家族牌坊三种，这座牌坊归类于家族牌坊，村里人叫成贤牌坊，意在标榜科举成就，以示光宗耀祖。柳騄的孙子柳大武为壬辰科武状元，皇封武德骑射，任京城总督，率兵出城抗击鞑靼时，因严嵩当权不发兵助战，最终寡不敌众授首疆场，时年四十五岁。其弟柳大夏医术高明，被赐进士出身，进京任医学训科；其子柳遇春研究《易经》，被保举为丙午科进士，后曾任山东宁海知州和陕西同州知州。柳大武战死后，嘉靖二十九年（1550），皇帝又一次下旨在西文兴村修造了以柳遇春为名的"青云接武"石牌坊。这两座石牌坊至今仍并立村中，成为柳家传世的荣耀。柳氏家族的这一次兴盛长达二百余年，连续六代，七人为官。至明末，随着改朝换代的战乱，以及自然灾害的侵袭，柳家才又一次陷入家道衰落。

历史更迭至清朝乾隆年间，世居西文兴村的柳氏又开始出现光耀门庭的祥瑞。先是柳琛的第十二世孙柳春芳经营盐业和当铺生意，富甲一方。嘉庆初年，柳春芳不仅为朝廷军务捐出大笔军饷，而且开仓放粮赈济了周边六个村的灾民，为了嘉奖他的义举，皇帝先封他为都司，又封为正四品昭武督尉。就连他的爷爷柳学周、父亲柳月桂也

被封赠为昭武督尉。后是柳春芳的孙子柳琳高中状元，官至正二品侯爵。又一次官赠祖上，爷爷柳春芳、父亲柳茂中均被封为中宪大夫。这是西文兴村柳氏家族的第二次兴盛，因商而富，因富而官，成就了柳氏民居又一轮大规模的翻新与扩建。据说，当时柳府共有十三座院落，占地两万多平方米，现在仅剩下六七处可供观瞻。柳府当年之富，还可从柳府的家训中窥见一斑："京归吾府，勿宿异姓"，本意是训导子孙出门需谨慎，但以当时的道路状况及交通工具而言，从京城回到村中，迢迢之旅，均能在一日之内找见自己家的商铺或驿所，需要有多么广阔的势力范围？

文首述及的偷盗宝物的传说，应该就发生在这个时期。柳家所藏宝物，不仅有贵重的凤冠，还有一柄皇帝御赐的攸昭宝剑，专门存放在"堂构攸昭"院内房间的砖墙夹壁里。小绪此番来偷凤冠，虽然自恃身怀绝技，但也深知藏宝之处必有天罗地网、重重机关，防范甚为严密，所以在耐心藏身察看了七天之后，方才得手脱身。仅以"河东世泽"的院门为例，门板背面共设十二道门栓，六硬六软，而且硬栓之中又有一道明暗栓、一道暗暗栓，若无内线指点，外人根本无法拨动任何一道门栓，所谓进得来、出不去。小绪藏身的"司马第"九层斗拱也很有创意，一般民间门龛最高为七层，皇宫建筑才有九层，但柳府巧妙地在九层斗拱之间增设了一道横栏，形成栏上六层、栏下三层，既不违规，显示了家族的地位，又使三、六、九数字并存，更富吉祥。门前石鼓上嬉戏的小狮，口中含有绳索，一种说法取"绳"的谐音"神"，意为神狮镇宅；另一种说法则取"索"的谐音"锁"，取意锁住嘴巴，守住秘密，家里的事情不能向外乱说，以免招来祸害。一语双关，也有可能。

柳家人对石狮子有一种特殊的钟爱。有人细数，村中现存石狮共102个。最有价值的要数两座石牌坊下蹲守的八尊石狮。梁思成在考察山西古建筑时，曾经收获一册将人生分为十二个阶段，以十二只造型与表情各异的狮子形象来表达训诫的教化狮手绘本，但苦苦追寻实物，终未圆梦。柳氏民居现存的这八尊明代教化狮，国内仅有，恰恰表示了古代知识分子从求学到入仕的八段人生历程。但手绘本中的另外四尊石狮存于何处，是否已被战乱或灾难损毁？至今还无从得知。

我们从"丹桂传芳"牌坊下看起，第一尊石狮叫"满腹经纶狮"，肚子下空悬着一个圆球，意指有了学识，但尾巴上翘，寓意自命清高，为了防止它口无遮拦，乱出狂言，就用绳子拴住嘴巴，告诫刚读了点诗书的年轻人，一定要管好自己的嘴巴，不该说的话不能乱说；第二尊叫"克己复礼狮"，尾巴贴在身上，已经懂得夹起尾巴做人，要多听长辈劝教，安分守己，低调处事；第三尊叫"胸有城府狮"，肚子下的圆球变大了，脚下还踩着一只小狮子，意指内心志向远大，生活怡然自得；第四尊叫"出人头地狮"，小狮子已从脚下脱出，寓意长辈不再庇护子孙，子孙们可以去实现自己的理想了。再走到"青云接武"牌坊下，第一尊石狮叫"金榜题名狮"，胸佩红花，神情喜悦，恰如人逢喜事精神爽；第二尊叫"泰山相助狮"，狮身紧靠在牌坊石柱上，寓意进入官场，寻找到靠山；第三尊叫"宦海沉浮狮"，基座上雕刻出几道波纹，寓意波涛汹涌，官位还不稳固，尚需继续努力；第四尊叫"功成名就狮"，狮子前腿直立，身子上仰，但面部表情已显沧桑。狮写人生，活灵活现，不仅融合了伦理世俗，而且宣扬了家风门望，堪为柳氏民居之瑰宝。

柳氏民居依托北山筑于高台之上，东、南两面皆从谷底筑起高墙，因此进入村子必经过一道大坡，按村口耸立的魁星楼、文昌阁、关帝庙等处石刻文字所示，东有三台左抱，西有九冈右环，南可眺行屋拱翠，北可望鹿台挺秀，故整个村子有"环山居"之称。

就这样，柳氏民居在众山环抱之中，从明清两代传承下来，外界却鲜有人知，是否因为他们一直在恪守"盛名勿扬"的祖训？柳家虽然为官为商，但与当地官员很少交往，结交的多是朱熹、文徵明、王阳明、吴道子、荆浩等文人墨客，为后世留下了四十余通古代名人书画碑，这或许可以表明一个家族的价值取向，正如西文兴的村名。

■■■解读■■■

作家闫海育是沁水人，他在家乡生活时，柳氏民居还没那么出名，他也一直没去参观过。生活在太原多年后，同时也是柳氏民居日益出名后，他带着思考，带着憧憬，来到了这处离家不远的景点。闫海育没有开门见山地为我们讲述游民居的见闻，而是重新讲述了关于柳氏民居的民间传说，接着又谈了关于柳氏民居的一个最大争议，即这里到底是不是柳宗元后裔的居住地，或者这个村子里居民的祖先到底是不是柳宗元。其实，这是任何一个文化人都会关心的问题，因为在旅游开发中，很多景点会不顾历史事实地把景点和历史名人、历史事件挂钩，从而为景点增光添彩，这种伪造的历史会误导游客，也不利于景点。闫海育作为文化人，作为关心家乡发展的在外文化人，同样也关心这个话题，因此他像专家一样，为我们梳理了这个争议。最后才进入主题，开始讲述游览的过程，介绍民居的特色。对于一个外来游客，闫海育的这篇文章，既是科普文，又是导游词，十分难得。

沁水寻踪柳宗元
（节选，《火花》2019年01期）
李骏虎

柳宗元的政治思想和作品被后世广为传诵，而他的建筑思想，只是被他的后人所继承，像一颗遗失的珍珠，穿透历史的尘埃，隐隐放射着光华，成为他作为伟大建筑家的佐证。

千年之后的今天，柳宗元这条大河的分支遍及华夏，"天下柳姓是一家"，他们沐浴着他的光辉，继承着他的荣誉。其中一支，遗落在太行山腹地的沁水之畔，向世人昭示着柳宗元不为人所知的另一种伟大：景观建筑的美学思想。沁水是黄河的一个支流，也是山西域内的一个县名，从沁水县城往东南25里，有一个只有50余户人家的小村

子，全村200余口人，九成以上姓柳，他们是柳宗元后人的一支，明代进士柳琛的子孙。村名叫做西文兴村，依山而建，布局如展翅的凤凰，与山水相映，气象非凡。明永乐四年（1406），柳宗元流散迁徙到沁水县的后人中，有一位叫柳琛的殿试三甲，中了进士，选址建宅并修祠堂、文庙、关帝庙，定居沁水之畔，后又经历代添修，形成现在可见的19座院落的规模。村子总观为典型的明清城堡式庄园，分为外府、中部、内府三部分；院落结构为四合院式，每座大院四角都有一座小院，是明清典型的"四大八小"的建筑形制。西文兴村的建筑风格虽然是明清形制，在选址和美学上体现的却是柳宗元的建筑思想，可见柳琛和他的后人不仅仅只承继了柳宗元的政治抱负和文学追求，柳宗元的景观建筑和不满现实的思想体现在这里的一切宏观和细微之处。在可考的文献当中，关于柳宗元的建筑理论，有这么一段话："君子必有游息之物，高明之具，使之清宁平夷，恒若有余，然后理达而事成。"他说的是，景观建筑不但要注意体现自身的功能和使用价值，还应重视景观的社会价值，从人的行为和人体生理角度看，良好的建筑景观能使人心情愉悦，有利于提高工作效率。可想而知，当年柳琛虽然要建的是宅院而非景观建筑，却把柳宗元的景观建筑思想运用到了其中，西文兴村依山而建，就坡取势，以山石地基为材料，有天然草木为景，溪泉环绕，使建筑与山水亲和相融，天然有真趣，丝毫无匠意，宛若天成，疑似神工。这正是柳宗元"逸其人，因其地，全其天"的设计原则的

充分体现。

先后被贬到永州的10年和柳州的4年里，柳宗元不但在文学和政治思想上完成了最为辉煌的作品，写出了《永州八记》和《天对》等著作，还亲自规划建造了两地多处景观建筑。唐永贞元年（805），"永贞革新"失败，柳宗元被贬为永州司马，永州在唐时为人烟稀少的边远之地，瘴疫流行，人民困苦，虽然自然风光旖旎，却一派原生态的庞杂和神秘，没有与人民生活自然和谐的景点可供休憩和怡然自乐，柳宗元"上高山，入深林，穷回溪，幽泉怪石，无远不到"，选定开阔或深邃之处，因地制宜，规划建造了愚溪、龙兴寺西轩、法华寺西亭等许多处景观。唐元和十年（815），柳宗元被赦返京，随即又被贬到更远的柳州，在柳州刺史的任上，他同样建造了柳州东亭等多处景观建筑。柳宗元的建筑作品和他的文学、思想作品一样意义重大，而今的西文兴村是可资考察研究的珍贵"柳氏民居"。柳琛选址和规划的西文兴村，用柳宗元的两句诗来描画最为贴切："日出雾露余，青松如膏沐。""闲依农圃邻，偶似山林客。"民居与自然达到了天然相宜的境界，即使在今天，也值得关注与借鉴。

唐元和十四年（819），47岁的柳宗元不堪"立身一败，万事瓦裂，身残家破，为世大僇"的遭遇，黯然病逝。他的作品被好友刘禹锡编成《柳河东集》三十卷，其中绝大部分篇章抒发他被贬后超脱的心境和对统治者的不满与批判，他的这种精神被柳琛和后人继承，并且以一种隐晦的方式体现在西

文兴村的建筑设计上，数百年间，他们已经把皇宫建筑工艺巧妙地转嫁到自己的院落，在大门牌楼上雕着只有皇宫才能有的九层莲花浮雕，廊前的柱子下垫的石鼓，竟然是皇宫才能用的龙的雕饰，门户上的木雕，上面是蝙蝠，下面是龙，"蝠龙"的潜意为"伏龙"，可见虽然后世不断有人做官，柳宗元对朝廷的愤恨和反抗还是被后人所念念不忘，他们冒着可能因为欺君犯上而被诛灭九族的风险，以特殊的方式纪念着他们的先人。在西文兴村，我们不但能找到柳宗元被世人忽略的建筑思想，还能找到他卓绝不屈的精神的物化。封建统治者自称"天子"，把自己的特权归结为"天意"，而柳宗元彻底否认了这种荒谬的唯心论，写出奇书《天对》，从自然哲学观出发，彻底否定天帝与神灵的存在。毛泽东说："屈原写过《天问》，过了一千年才有柳宗元写《天对》，胆子很大。"（《毛泽东在上海》第143页，中国党史出版社1993年版）柳宗元的后人继承了他的大胆，他们在盖房子的时候把 "龙"来垫脚，梦想着有一天能够"伏龙"！

不过我对"伏龙"的意思还有一种理解，就是柳氏后人认为自己是"潜伏的龙"，梦想有朝一日重新登上庙堂，大展宏图，把柳宗元未竟的事业和心愿完成。这是一种政治抱负，柳宗元传世的作品中有很大一部分是政治思想著作，他虽然具有极高的文学天赋和造诣，志向却在经邦济世，青年入仕之时，他甚至很瞧不起写文章的人，认为那是雕虫小技。他的文学活动，都与政治理想紧密结合。即使是在被贬的岁月里，他也不仅

仅用文章来批判政治，还积极参与地方建设和律法的革新，在柳州任上，他下令废除了当地人身典押制度，使岭南大批奴婢得到赎身解放，通过诸如此类的开明政治措施，仅仅3年时间，使柳州出现"民业有经，公无负租，流逋四归，乐生兴事"的景象，时人称为"柳柳州"。他百折不挠的政治热情，被后人在西文兴村体现得淋漓尽致，他们修了魁星楼，希望能够高中、及第，并给获得功名的柳氏中人在进入内府的大道上建造了一座又一座牌楼，把他们的功名彪炳起来，鼓舞后人。牌楼基石上的几对石狮子，用不同的形态演绎着活灵活现的"官经"，令人叹为观止。

■■解读■■

山西作协主席、70后知名作家李骏虎，用一种别样的视角，为我们解读了柳宗元与柳氏民居的关系，让我们认识到柳氏民居寄予的深厚文化理念。因此，当我们游览柳氏民居时，我们不再是用地理与人文的关系来思考这处特殊的民居，而是从家族史、家族遭遇与建筑理念的关系上看柳氏民居，这样的柳氏民居，不再是借柳宗元这个名人来为景点增光，而是通过这处民居，回望柳宗元的一生，回望中国传统社会的文化生态，知识分子的生存环境。中国传统社会政治、文化与民间建筑的关系，在柳氏民居得到了恰当的体现。

扩展 ｜ KUOZHAN

◆沁水柳氏清明祭祖

沁水柳氏清明祭祖是沁水县西文兴村柳氏家族存续的传统祭祖礼仪民俗。据现存金石碑记和《河东柳氏族谱》记载，该村柳氏后人均为唐代文学家柳宗元的后裔，世居西文兴村，遵训守礼，传承了河东柳氏家风和美德，延续了河东柳氏独特的人生礼俗，并立石永记于西文兴柳氏宗祠，常年祭祀，慎终追远。清明祭祖最为隆重。清明前三天开始忌荤吃素，早上第一顿第一碗饭必献祠堂。各家上坟扫墓。清明当日齐聚祠堂，以牲礼献祭先祖。外出者这一天也都赶回来参加祭祖仪式。

王莽岭景区

简介 | JIANJIE

　　王莽岭景区位于山西省晋城市陵川县东南部古郊乡境内，因西汉王莽赶刘秀到此地安营扎寨而得名。景区包括王莽岭、锡崖沟、昆山、刘秀城四个景系，总面积150多平方公里。王莽岭景区是南太行的最高峰，最高海拔1700余米，最低处仅800米，风光秀丽，景色诱人。这里的云海、日出、奇峰、松涛、挂壁公路、红岩大峡谷、立体瀑布，形成了八百里太行最著名的自然景观，素有"清凉胜境""避暑天堂""世外桃源""太行至尊"之美誉。

　　王莽岭景区的锡崖沟挂壁公路被誉为中国乡村筑路史上的一大奇迹。

　　目前，王莽岭风景旅游区是国家地质公园、国家4A级旅游景区、国家级全民健身户外活动基地、新中国十大地标、国家农业旅游示范点和国家精品红色旅游示范点。

王莽岭和中国人做不醒的那个千年大梦
李琳之

800里巍巍太行,沿着晋冀边际线由北向南逶迤绵延,至山西陵川与河南新乡交界处,黄土高原和华北平原两大板块在此发生猛烈的撞击,大地震裂,火山喷发,无数的大小山峰一夜蜂起,数不清的悬崖峭壁瞬间凸现。一道道忽里忽外的千仞绝壁、万丈深崖把"表里山河"的山西和"千里沃野"的河南陡然分开。这个群峰荟萃、峡谷幽深、云海诡谲、风光无限的太行山断裂带,隔远看就如同一只正背负着东西蜿蜒爬行的乌龟,乡人因此称之曰龟驼山。

西汉末年,当全国各地符命不断、祥瑞频现的时候,邯郸长官王朗也不甘人后,煞有介事地上书王莽说,在时为邯郸所辖的龟驼山上找到了王莽登基的象形符瑞,还说看见此山上有一条巨蟒腾云驾雾,幻化为龙,直上九霄云天而去。当地老百姓还传言,龟驼山是王莽的龙脉所在。当年刘秀得知此事,便带兵前来掘山砍断王莽的龙脉。王莽恐慌,率兵前来追杀刘秀,曾驻兵于此。刘秀兵少将寡,仓皇下山,逃得一命。龟驼山自此以后逐渐就被乡人叫作王莽岭。

公元2013年8月,在王莽被乱刀分尸1990年之后,我因参加一次晋沪两地文化交流活动来到了王莽岭。在导游带着我和专家学者们游览了卧龙场、云水亭、刘秀跳等众多

和王莽传说有着丝丝缕缕关系的景点后,我独自一人站在山崖边上,心无旁骛地观赏起峡谷对面那在烟雾缭绕中忽隐忽现的秀丽山峰。那上下弥漫的云雾像一层薄薄的白纱,飘忽迷离,一会儿昂首翘尾,似吠犬;一会儿四蹄腾空,如战马;一会儿长带飘飘,像天河;一会儿汹涌澎湃,如怒涛……阳光透过云缝射出万道金光,那朦胧的山峰瞬间就湮没在恍惚迷离的五彩缤纷中。周围衬托以起伏连绵的绿色波浪,耳畔回荡着小鸟"啾啾啾"的鸣叫声,抬头仰望,蓝天白云,秋高气爽。这一切似梦似幻,让我如痴如醉,久久流连而不愿离去。

晚上,我们就住在王莽岭山谷中的一家宾馆里。宾馆前有一个清澈见底的狭小湖泊。我独自一人走出宾馆,在黑魆魆的夜色围裹下,绕湖而走。周围一片寂然,只有各种秋虫交织在一起的哀鸣,不时夹杂着一两声山外传来的汽车马达声传入耳际。

我在夜空里行走,脑子里却全然被王莽那个久远缥缈的影子占住了空间。我恍然间觉得王莽和他那些孜孜追求"内圣外王"的腐儒的遭遇就好像我现在所处的王莽岭一样,前边是绵延不绝的八百里太行,在这里突然遭到了势不可当的外力的阻击,只能在戛然而止的情形下,发生扭曲、变形。孔子始兴儒学,原本是想要打造一个可以让万民仰望、具备偶像气质的皇帝——"内圣外王"式的救世主,从而创造一个"天下大同"的

理想国，这几乎是王莽以前所有儒家信徒梦寐以求的理想。他们在400多年的漫漫长夜中，一直在孜孜不倦地做着不懈的努力。等汉武帝"罢黜百家，独尊儒术"时，他们看到了希望。而王莽的适时出现让他们以为找到了这种具有完美道德的理想君王，可以实现道德（内圣）与政治（外王）的完美结合。他们满怀期望地把王莽推上了帝王的宝座，没想到无情的现实给了他们重重一击，让他们始于"内圣"，终于"外王"的美好的理想在刹那间变成了水中破裂的肥皂泡。王莽悲剧赤裸裸上演的那一幕，使之后近两千年的时间里，儒生们再不敢放肆地谈及"外王"之道，而是退而求其次，转到了影响帝王思想的上面，或培育，或劝谏，而不是汹涌群起再去制造和推举皇帝。儒学也像王莽岭悬崖峭壁下无际的中原地带一样，陡然变质，彻底沦为君王驾驭人臣、统治天下的工具。

王莽以及众儒心目中的理想国，恰像我白日里观赏到的那个恍惚朦胧、透出无限诱惑的"海市蜃楼"一样，虚无飘缈，游踪无定，只能存在于幻想的世界里。但是千百年来，这种折煞无数英雄的"大同"理想，却自始至终如梦魇般笼罩在中国大地的上空。陶渊明"采菊东篱下，悠然见南山"，幻想建立世外桃源；洪秀全颁布《天朝田亩制度》，梦想构筑"太平天国"；康有为撰写《大同书》，妄想打造"大同"世界；乃至20世纪五六十年代失去理智的"跑步进入共产主义"，都无一例外地变成了天边飘忽的云霓，让后人唏嘘不已。

王莽更像是塞万提斯笔下那个勇敢地冲上去同风车作战的堂吉诃德，他成了儒家"内圣外王"践行的悲壮的殉道者。他战战兢兢，如临深渊，如履薄冰，但在不可逆转历史大趋势面前，他得到的只能是身死名辱，"遗臭万年"。

王莽被自己和众人用谎言与假象打造成了光鲜亮丽的"圣人"，他又被群儒们高高地托举到了上不着天、下不着地的"神"的地步。当谎言和假象露出它邪恶的本来面目时，那些不遗余力推着他前行的那股力量，就不仅成了他肉体的践踏者，连他那颗求圣求王的质洁心地也成了他们为了邀取政治资本而可以随意玷污的垫脚石。

在一个个怪诞荒唐、昙花一现的"圣人""外王"的"大同"社会中，虚伪的道德装饰，不着边际的浮夸虚报，动辄"托古改制"的引经据典，以及把天下当作自己的画板随意着色、任意涂抹的"圣人"行为，竟无一例外地成了这个所谓"理想国"的共同特征。

也许，当我们的老祖宗创造出"圣人"的光环时，我们就注定了要遭受光环下面遮挡物黑影的亵渎。

在王莽们黯然没去的背影里，我终于明白，古今中外所谓的"圣人"、所谓"大同"，终不过是一个特定时代的一枕黄粱而已。

（本文节选自《千年不醒》，原载《家国往事》，李琳之著，中国文联出版社2015年7月版）

■■解读■■

李琳之，文化学者、作家、资深出版人，山西大学、太原理工大学特聘教授，著有《黄土魂》《天才的悲剧》《感喟秋雨》《中

华祖脉》等。

在别人眼里，来王莽岭是为了看其"千仞绝壁、万丈深崖"的奇观，而李琳之却由王莽岭想到了王莽和他的政治野心以及最终的命运。这样的升华，在李琳之是很自然的，因为他是一位学者、思想家。作为普通游客，我们可能不想这么沉重，因为我们来王莽岭是为了放松，但在放松之余，在被奇观震撼之余，如果能让精神升华到另一个层次，那又何乐而不为呢？在中国，没有纯粹的自然景观，每一处景观背后都隐藏着一段或无数段历史故事，这是五千年中华文明与自然景观的"互文"关系，王莽岭不例外，锡崖沟不例外，太行山不例外！

太行胜景在陵川（节选）

胡正

五月的末尾，我们来到了太行山南端的陵川县。从空气清新、气候凉爽的陵川山城东行百里，登上了太行山最南端的太行绝顶。站在山顶俯首望去，好像从高山峰巅坠落到深渊似的，在刀劈斧削的悬崖绝壁下面，是河南省的低矮的山峦和远去的平原。

在海拔1700多米的百里太行绝顶上，在俊秀俏丽的棋子山上，有一神奇的箕子洞。相传商末贵族箕子隐居于此，用棋子山上黑白两色的小圆石摆布棋阵，成为围棋的发源地。由棋子山往东是巍巍王莽岭。传说西汉末年王莽追赶刘秀时，曾在此征战。王莽岭上尚有刘秀城的城基和旗杆，以及跑马场、点将台和马武寨等古代战场遗址。

站在雄伟壮丽的太行绝顶极目望去，山峰绵延，松林密布，千峰竞秀，风景如画。到处都可以看到奇丽的景色。天柱山上的山峰如擎天柱石直插云霄。佛山峭壁间的灵泉飞瀑直流猛泻，在大峡谷中飞腾着烟雾。在群山峻岭中，有满山红豆树的红豆山，有秋日红遍满山的枫林。还有莲花山、桃花山、衣架山、箭眼山等名山秀峰，以及昆山大溶洞。在众多的奇峰、锐峰、险峰、翠峰中，有酷似一位当代伟人仰卧在松涛之上的侧面头影，使我们联想到伟人在长江的波涛中悠然仰泳的神情。在另一座峰顶，则隐现着济公的头像。还有雄狮望月峰、金蛇绕孤峰、仙女峰、姊妹峰，以及驼峰、熊耳等类似各种人体和动物形态的奇石妙峰。在导游的指点下，越看越像是活灵活现的人体和动物形象，令人顿生雅兴妙趣，赞不绝口。

在太行绝顶的东南端，在悬崖峭壁上，有一处散花台，散花台下是万丈深渊的峡谷。从散花台东行，在一片平坦的山崖上，有一座观日台。拂晓时分，在声声松涛中登上观日台后，便可以观赏从东天茫茫云海中喷薄跃出的红日，随后是变幻无穷的灿烂的云霞。云霞渐渐散去后，是朵朵洁净的白云。几只小鸟从松林中飞出来，鸣唱着飞上了高高的湛蓝的天空。

在棋子山上，有一株寒柳树。在严寒的冬天，在霜雪落满的枝叶间盛开着奇丽鲜艳的花朵。在西溪龙王庙里，有一株高大的千年牡丹，盛开着千朵鲜花。而且一株牡丹上竟能开出红、粉、白三种颜色的艳丽花朵。花大如盆，香气袭人，为牡丹之冠。

更为称奇叫绝的是在西溪二仙姑庙中，在正殿前直立着4株高大挺拔的唐代圆柏。每株树干长出许多奇形怪状的疙瘩。我们从不同视角看去，惊喜地看到在树干上长出的不同形状的疙瘩，竟似一些动物图案。殿前西边的北株树干上，有鼠、羊、龙、虎、猴、鸡的图案，南株的一根枝条趴在地上像一条蛇；殿前东边的北株主干上有兔、马、狗、猪的图案，南株主干上有一突出物体，状似牛头。4株唐柏主干上的栩栩如生、惟妙惟肖的动物形象，合起来恰好是十二生肖图像。以上棋子山寒柳、千年牡丹和西溪唐柏，全国罕见，奇妙无比，可称"陵川三绝"。

■■解读■■

胡正先生是中国当代文学史上重要流派"山药蛋派"的代表作家之一，其长篇小说《汾水长流》是20世纪60年代中国文坛长篇小说的代表性作品之一。

包括王莽岭在内的太行景观让老一代人民作家胡正先生也惊呆了，每一处景观都让暮年的胡先生童心焕发。如果隐去名字，我们会以为这是一位充满好奇的少年在讲述他的游览发现。王莽岭的奇、峻、险、美，就具有如此的震撼力。

胡正先生不是笼统讲述太行之美，而是每到一处都能发现景点最能吸引他的地方，这些景观让胡先生流连忘返，浮想联翩。真正的美，是能诱发你的想象力，太行盛景，就是如此！

◆陵川钢板书

陵川钢板书流行于陵川全境,盛行时流传于泽州、长治、高平、辉县等地区。因说书者手持钢板演唱而得名。以演唱中长篇曲目见长,传统曲目数量较多。坐场演唱,以唱为主,说唱相间。相传,早在清末时期,"陵川钢板书"就已经渗透到百姓的婚丧等风俗习惯中。清末民初,出现了艺人相约两三人合作演唱的方式。1946年陵川成立盲人宣传队,陵川钢板书成为盲宣队主要演唱曲种。传统曲目有《包公案》《刘公案》《响马传》《武松打店》《罗成算卦》《樊梨花招亲》《佘太君表功》《郭巨埋儿》《王祥卧冰》《王员外休妻》等80余篇。也有一些反映现实的新曲目,如《二嫂忙支前》《月下开荒记》《红灯记》《智取威虎山》等。它的音乐唱腔,有引腔、正腔、紧腔、哭腔等。

◆陵川《五鬼盘叉》

《五鬼盘叉》,亦名《小鬼捉刘氏》。因有五名表演者扮演小鬼且是持叉舞蹈,所以叫《五鬼盘叉》,它是山西省陵川县六泉乡(原冶头乡)赵豁池村独有的古老情节舞蹈。其产生年代无文字可考,相传早在清光绪年间就已流传,多在每年正月初四"接香客"时表演。此外,还在农历六月初一、初六赶庙会时到邻村去表演。